워싱턴 사랑

이 책은 60년대 유학생으로 미국에 가 미국 연방정부의 고급관리로 살고 있는 한국계 미국시민이 쓴 에세이 모음, 미국에 대한 그의 견해와 조국을 바라보는 그의 마음이 애틋하다, 아직도 가깝고도 먼 나라, 미국의 이해를 돕는 교양서

워싱턴 사랑

김현길

Washington, My Love

도서출판 월인

서 문

필자는 워싱턴주 씨애틀에서 미국생활을 시작해 워싱턴에서 마감한다. 미국의 초대대통령 조지 워싱턴의 이름을 따서 만든 정치적 수도. 한강이 서울을 흐르듯 포토막 강이 워싱턴을 흐르고, 봄이면 강가에 벚꽃이 만발하고 환상적인 아름다운 도시를 만든다. 불란서 건축가 라황이 설계한 아름다운 도시, 200년이 지났어도 그 도시가 그대로 아름다움을 지키고 있다. 내 인생의 마지막 수년을 미국의 수도 워싱턴에서 고급관리 생활을 하다가 은퇴했고, 지금도 일하고 있다. 워싱턴에는 내 사랑이 도처에 숨겨져 있다.

워싱턴에 와서도 씨애틀에서 한국 일간지에 글을 써왔다. 내가 살아가면서 쓰고 싶은 글을 써왔다. 내가 사는 미국의 정치, 사회에서 한인사회, 두고 온 조국에 대한 내 글은 이제 두번째 에세이집으로 나오게 되었다. 미국 사회는 범죄가 극렬해져 가고, 경제는 공황으로 치닫고 있으며, 테러와의 전쟁은 끝없이 이어지고 있지만 테러위협은 오히려 가중되어 가고 있고, 정치외교적 능력은 상실되고 있다. 양식을 가진 지성인이 더 이상 절규할 수 없는 상황에 이르렀다. 이 책의 글들은 필자가 워싱턴에 살면서 보고 느낀 사상과 감정을 내 동포들에게 토로한 것이다. 그리고 2000년대 초엽 씨애틀에서 발표한 몇 편의 글도 담고 있다.

모국어로 외국에서 쓴 글이 두고 온 조국의 미국에 대한 이해를 돕기를 바라고 있다. 아무리 세월이 지나도 필자는 모국어를 잃어버릴 수 없고, 아니 세월이 갈수록 모국어는 아름다운 언어로 나를 지배하고 있다. 중, 고등학교 시절의 문학에 대한 열망이 오히려 나이 들어 나에게 모국어로 글을 쓰게 하고 있는지 모른다.

필자에게 귀한 지면을 주신 한국일보사의 임직원, 서울시립대 임상순 명예교수와 도서출판 월인의 박성복 사장, 워싱톤 문인회/미주 시문학회 초대 회장 최연홍 시인께 깊이 감사한다. 그분들이 없었으면 이 책은 세상에 나오기 어려웠을 것이기 때문이다. 글 쓰는 이들은 글을 읽는 독자가 없다면 아무런 재미를 가질 수 없다. 지금까지 필자의 글을 읽어주신 독자들과 함께 이 책의 출간을 자축하고 싶다.

2008년 봄
백악관 근처의 사무실에서
김현길

감사의 글

문학 예술성과 인간미의 조화를 보듬을 수 있도록 용기를 준 동지들에게 감사합니다. 독창적이며 참신하고 신선한 표현에 주눅이 들지 않게 격려도 아끼지 않으셨다. "빈 맘으로 진솔한 글의 향기를 풍기도록 자세도 낮추라"는 깨우침을 주셨다. 다방면의 글쓰기에 채찍을 들어준 여러분들께 진심으로 감사를 드립니다.
(존칭과 명칭은 생략합니다.)

유석희 윤여춘 권기팔 정영희 노세웅 문홍태 채재억 정희준
민병진 김덕창 김태호 인태오 정천일 이송순 남정현 임현기
갈우철 김호욱 조태용 김동훈 이덕재 이광술 박용문 이남기
조명연 김한철 김광로 이규호 오영근 신광재 이동근 윤 경
황금희 이송식 김보현 권수정 박성수 이춘혜 원사라 이민규
김현석 김병규 정관봉 강경식 김인주 김송자 최수정 정생근
김지연 김영자 하정순 하석배 하영배 김성길 Hanna & Peter Kim

이 책을 손에 들고 저와 대화하고 싶으신 분들께도 감사의 뜻을 올립니다.

차 례

제1장 환경피해

제2장 서울의 피서객

제 1 장

환경피해

환경피해

인간은 환경의 지배를 받게 되어 있다. 다른 모든 동물들이 그렇듯 인간도 신이 창조한 자연의 일부일 뿐이다. 자연환경에 적응 못하는 동물은 예외 없이 도태된다. 공룡이 그랬다.

우리가 살고 있는 미 대륙의 원주민들은 자연을 경외한 모범생이었다. 다른 부족을 정복하려고 전쟁은 했지만 감히 자연을 정복하려고 삼림을 개간하거나 댐을 만들지는 않았다. 비옥한 땅과 목초지를 따라 이동하며 살았고 사냥이나 고기잡이도 먹고 살 만큼만 했다.

수천년간 인디언들이 말 타고 달렸던 산길이 백인정착 후 한 세기도 안 돼 아스팔트 하이웨이로 바뀌었고 인디언들이 연어를 낚던 심산계곡들이 댐 때문에 말라붙는 등 자연이 많이 훼

손됐다. 그렇긴 해도 미국인들의 환경보호 노력은 참으로 가상하다. 올림픽, 노스 캐스케이드 등 국립공원은 관광객 유치의 돈벌이 측면보다 자연보호를 우선 목적으로 삼는다.

시애틀 지역에서도 환경단체들이 엄청난 공사비를 들인 댐을 부숴 연어가 산란을 위해 계곡 상류로 회귀하도록 하라거나, 얼룩무늬 올빼미가 서식하는 삼림은 절대 벌목해선 안 된다고 목소리를 높인다. 이들의 환경보존 논리는 간단명료하다. 현재의 자연환경은 자손만대가 공유해야 할 귀중한 자산이므로 철저하게 보존돼야 한다는 것이다.

한인들의 환경의식은 미국인들에 비해 덜 야무진 것 같다. 한국의 환경은 60년대 박정희 정부의 경제개발 최우선 정책에 밀려 심하게 피폐됐다. 국민 모두가 배고팠던 당시엔 대기오염을 내세워 공장 굴뚝의 검은 연기를 탓했다가는 오히려 비난 받을 만 했다. 그러나 그때 훼손된 자연환경은 반세기 가까이 지난 오늘날에도 곳곳에서 상처를 드러내고 있다.

시애틀 한인회관 인근에 위치한 유독성 폐기물처리 회사(필립스)가 지하수를 오염시켜 미연방 환경청(EPA)으로부터 호되게 당하고 있다. 지하 처리시설에서 누출된 유동성 폐기물이 지하수와 토질을 오염시켜 주민들에게 암과 출산장애 등 건강상의 문제를 야기시켰고 이 일대의 부동산 시장에까지 영향을 미쳤다. EPA로부터 벌금 77만 달러와 지하 처리시설 폐쇄 비용 220만 달러를 얻어맞은 필립스사는 EPA가 명령한 시한 이전에 정화작업을 완료하겠다고 다짐하고 있지만 지역주민들의 불만과 불안은 좀체로 수그러들지 않고 있다.

꼭 1년전인 지난해 2월 15일 주민들의 반발에 따라 공청회가 열렸었다. 우리 한인회의 임원들도 참석해 상황설명을 들었다. 참으로 바람직한 일이다. 당시의 한인회 간부는 "한인회관 이전을 실행에 옮기기 위해 30명의 위원회를 구성했다."고 발표했다. 그로부터 1년이 지난 금년 초 한인회는 수질오염 진원지가 한인회관에서 거리가 멀고 피해상황도 심각한 수준이 아니므로 회관을 다른 장소로 이전하기보다 오히려 현 회관 주변의 부지를 매입, 회관건물을 확장하는 것이 현실적이라는 이유를 내세워 위원회를 해체한 것으로 보도됐다.

그러나 이런 결론을 내리기에 앞서 한인회는 이 지역의 환경평가 보고서(EIS)를 검토, 차세대에 미칠 장기적 영향을 분석하고, 환경오염으로 인한 시장성의 상실과 손해액을 따져보며, EPA로부터 수질오염이 건강장애 요소라는 확인서를 받아두거나 아니면 한인회관이 오염과는 무관하다는 보증서라도 받아뒀어야 옳다. 이런 내용들은 바로 1970년 1월 1일 발효된 국가 환경정책법(NEPA : National Environmental Policy Act)에 보장된 사항들이다.

한인회는 문제의 조지타운 지역에서는 손꼽히는 규모의 민간단체이다. 한인회가 지하수 오염문제에 애써 초연하면 주민들과 환경보호 단체들로부터 웃음거리가 될 소지가 있다. 아직도 늦지 않으니 가해자인 필립스사를 상대로 협상을 해볼 필요가 있다. 우리의 다음 세대들에게 보다 쾌적한 환경의 한인회관을 물려줘야 하기 때문이다.

과학과 윤리

황우석 교수가 서울대 스코휠드 홀에서 속죄의 뜻을 밝히고 있던 기자회견을 필자도 TV를 통해 바라보고 있었다. 언제나 단정한 신사의 모습 그대로 그는 기자회견에서 이 나라 국민에게 용서를 구하고 있었다. 이 나라 누가 그를 용서하지 않으랴! 이 나라 누가 그에게 돌을 던질 수 있겠는가? 그의 연구목표가 인간의 질병, 동물의 질병을 치유하기 위한 것이라면 그 연구에 필요한 난자채취가 정당화될 수 있다고 이 나라 국민 다수가 생각하고 있다.

물론 국민의 다수가 그렇게 생각하고 있어도 황 교수는 그렇게 생각하지 않았어야 했고, 그렇게 생각하지 않아야 한다. 왜냐하면 그는 세계적 과학자이기 때문이다.

그러나 그도 신(神)이 아닌 사람이었고, 사람으로서 오류를 범했다. 목적이 모든 수단을 정당화할 수 없다는 진실을 그는 한때 모르고 있었던가, 잊고 있었다. 그는 1964년 헬싱키선언을 모르고 있었다고 고백했다. 연구실에서 살고 있는 과학자가 모든 국제협약을 알 수는 없다. 황 교수도, 그의 연구원들도 미처 몰랐을 것이다. 그러나 그가 세계적 학자가 되면 그런 국제적 선언이나 협약도 알아야 한다.

필자는 문제가 된 연구원의 난자기증을 눈물겹게 듣고 있었다. 연구를 위해 처녀의 몸에서 난자를 꺼내 바칠 수 있는 헌신을 고귀한 희생으로 여긴다. 그들의 사생활을 보호하기 위하여 황 교수가 "거짓 증언"을 했다고 했으나 그들이 정직하게 "이 연구를 위해 나는 기쁘게 내 난자를 기증했다"고 했으면 얼마나 좋았을까. 지나고 보면 후회스러운 것이 어디 하나, 둘이겠는가? 순수한 연구의 발전을 위해 미혼의 아리따운 처녀의 몸에서 난자를 뽑아 기증한 연구원들이 좀 더 당당하게 나섰더라면 이런 "불상사"는 없었을 것이다.

윤리가 무엇인가? 윤리는 인간의 양심 위에 기초한다. 황 교수가 거짓말을 할 수밖에 없었던 상황에 동정한다. 연구원의 난자채취가 과학윤리에 어긋난다면 난자채취가 어려운 상황에서 오히려 그런 윤리를 깨야 하지 않았는가? 연구원의 난자가 과학적인 연구결과를 객관적이지 않고 과학적이지 않게 오도했다면 몰라도 이 경우에는 그렇지 않다. 연구원의 난자라고 해서 연구결과를 편견으로 이끌었는가? 아니다. 윤리는 법보다 상위의 규범이다. 필자는 서구의 과학자들이 오히려 보수적인 한국의 유교문화권에서 훌륭한 연구원들의 난자기증을 칭찬해야 하지 않을까? 하버드대학 여학생이 그녀의 난자를 고가에 판다는 기사를 읽은 적이 있다. 한국은 미국이 아니다. 그런 나라가 아니다. 그래서 그 연구원들은 더욱 칭찬을 받을 만한 것이다.

과학의 발전은 끊임 없이 윤리의 문제를 제기해왔다. 코페르니쿠스의 지동설이, 갈릴레이의 추인이 나왔을 때에도 (당시 기독교인들은 지구가 태양 주위를 돌고 있다고 믿고 있었다.) 복제 양이 나왔을 때도 그랬다. 황우석의 복제 개, 스누피가 나왔을 때도 그랬다. 서구의 문명을 받쳐주고 있는 기독교가 윤리적 문제를 제기해왔다. 과학은 자연현상을 관찰하고 분석하고 도전한다. 흙 한줌 속에 살고 있는 미생물에서 우주의 별들에 이르는 과학의 대상을 시인은 경탄해 한다. 그래서 과학은 끝없는 변경으로 가서 변경을 중심으로 만든다. 그 과정에서 윤리의 문제가 함께 한다. DDT가 한때 유용한 화학문명의 산물로 인정받았지만 후일 유해한 물질로 규명되었다. 원자력이 가공할 전쟁무기를 만들어 냈으니 과학자들이 과학의 산물이 인류에게 가지고 올 수 있는 해로움의 가능성을 늘 열어놓기 바란다. 그것이 가장 중요한 윤리문제를 해결할 수 있다고 본다.

황 교수의 줄기세포연구가 난치병의 치유가 아니라 영원히 사는 생명을 만들어낸다면 지구는 인구폭발이나 전쟁으로 파멸될 수 있는 가정도 상상할 수 있다. 황 교수가 인간과 자연의 관계를 어떻게 설정할 것인가? 환경과 함께 과학의 역사, 철학도 함께 공부하는 생명공학자가 되기를 바란다. 그리고 그가 과학과 윤리에 관한 국제협약도 이해하기를 바란다. 그 혼자 모든 지식을 터득할 수는 없다. 그의 연구팀 속에 그런 윤리학자나 사회과학자도 몇 들어가 있어야 한다. 그런 시스템을 만들어야 한다.

그가 기자회견에서 말했듯 그도 이제 세계를 보는 안목, 과학/기술 연구/개발의 "Global Standard"가 무엇인가를 생각할 수 있는 경륜을 갖추기 바란다. 그는 기독교계가 왜 복제연구나 줄기세포연구에 부정적인가를 충심으로 이해해야 한다. 서구의 역사는 좋든 싫든 기독교의 역사다.

농촌의 어린시절 병들지 않는 소를 꿈꾸었던 황우석이 여기까지 왔고, 이제 그는 정말 세계적 과학자가 되었다. 그를 격려하고 싶다. 그리고 연구를 위해 난자를 제공한 젊은 여자들을 진정으로 격려하고 싶다.

그는 연구실로 돌아와야 한다. 타임지가 올해의 의학연구는 황우석의 연구실에서 나왔다고 했다. 그렇다. 그는 그의 길을 걸어가야 한다.

황우석, 부끄러움 모르는 무례한

황우석(존칭 생략)은 2005년, 2006년 한국과 세계에 충격을 주고 있다. 그는 부끄러움을 모르는 사기꾼이다. 그가 어떻게 서울대의 석좌교수가 되었는지, 서울대도 참으로 부끄러운 대학이 되었다. 아니, 한국이 부끄러운 나라가 되었다.

2005년 11월 MBC PD수첩이 세계적인 "과학"지에 실린 그의 맞춤형 인간배아복제 논문에 오류를 지적하고 나왔을 때 그는 윤리적 문제를 들고나와 한국인의 동정을 샀다. 과학과 윤리의 문제는 언제나 논쟁이 있을 수 있다. 갈릴레오의 지동설과 당대의 기독교문화가 부딪쳤다. 한국적인 상황에서 여자연구원의 난자채취는 그렇게 부끄러운 문제가 아닐 수 있다. 난자채취가 한국문화에서 어렵기 때문이다. 그러나 그가 저지른 희대의 사기는 완전히 조작된 자료 위에서 소설적으로 과학논문을 썼다는 사실이다. 그러나 그는 아직도 그가 얼마나 엄청난 사기꾼이었는가를 모르고 있다. 나는 그것을 통탄한다.

나는 처음에 그가 11개의 줄기세포가 아니라 2개의 줄기세포를 만들어 그것을 11개로 가공적으로 만들어 놓은 것을 이해할 수 없었다. 2개의 성공도 "과학"지에 나올 만한 것이기 때문이다. 그러나 2개도 없었고, 하나도 없었다는 사실에 하나의 희극을 보는 느낌이었다. 희극은 비극을 넘어가야 한다. 하나도 없는 것을 어떻게 11개로 만들었는지? 거기까지 소설적으로 쓸 수 있었던 과학논문이었는지 궁금하다. 왜 13개가 아니고, 11개였는지.

그러나 그는 아직도 원천기술이 있다고, 6개월만 달라고 말한다. 그는 아직도 그가 저지른 범죄의 죄질을 모르고 있다. 그는 얼굴을 들고 다닐 수 없는 지경에 이르렀는데, 석좌교수 방에서 자결했어야 했는데 살아 있다. 그리고 기자회견을 한다. 그가 할 일이 있다면 살아야 하고, 죄를 조금이라도 씻기 위해 살아야 한다면 6개월 후에 나타나야 한다. 그는 그렇게 말하지 않고, 애국심 때문에 보이는 것이 없었다는 변명을 한다. 애국심은 이 나라의 품위를 나락에 떨어트린 사기꾼과는 너무 먼 거리에 있다. 사기꾼의 애국심 역시 사기다. 순국선열들이 통탄할 애국심이다. 사기로 한국을 줄기세포 최고의 나라로 만들 수 있다고 본 그의 세계관이 정말 가소롭다.

이제 그는 미즈메디 병원과 그의 연구원들에게 죄를 뒤집어 씌우려 한다. 그는 거대한 연구비를 정부로부터 얻어오는 일만 했고 "정치"하러 다니기에 바빴다. 연구실에서도 하루가 너무

빨리 갈 텐데 그는 연구실 밖에서 정치하러 다녔으니 연구실 사정에 어두울 수밖에 없었을 것이다. 줄기세포 만드는 일이 미즈메디 일이라면 그가 어떻게 해서 줄기세포 최고의 과학자 명예를 얻을 수 있었을까. 내가 만난 미국의 노벨상수상 과학자들은 그들의 집과 대학 연구실만 왔다 갔다 하며 살고 있다. 신문기자회견하며, 관훈클럽에 나다닐 시간이 없다. 한국 정치인들처럼 경조사에 나다닐 시간이 없다. 그런데 황우석은 너무 바쁘게 연구실 밖에서 세상을 살고 있었으니 그의 연구원이 그의 정자와 채취해 온 난자를 결합시켜 줄기세포를 만들었다해도, 실험실에서 천재 과학자가 태어났다해도 까맣게 모르고 있었을 것이다.

그는 속았다고 말했다. 그는 속을 수밖에 없었다. 그는 연구를 총괄할 지위에 있었으나 총괄할 능력도 시간도 갖고 있지 않았다. 무책임한 사람이었다.

4,800만 한국인 가운데 황우석은 한 시민이다. 그 가운데 그만한 사기꾼도 있고, 강도도 있다. 그러나 황우석은 시정잡배가 아니었다. 한국의 최고과학자로 정부로부터, 기업으로부터 년 200억원을 타다 쓰는 인물이었기에 그의 부끄러운 추락은 한국의 이미지를 부끄럽게 추락시켰다. 미국의 줄기세포연구에도 찬물을 끼얹었다고 최근 Business Week는 서술하고 있다. "과학"지의 추락은 논문의 검증과정을 더 어렵게 만들어 놓을 것이다. 한국과학자들을 사기꾼으로 보게 했다.

Big Science를 위해 정부가 연구개발을 크게 지원할 필요가 있다. 정부의 지원은 불행하게도 "눈 먼 돈"으로 간주되어 왔다. 그래서 검찰은 이 기회에 세금이 국민들이 피 땀 흘리며 번

돈이라는 인식을 과학자들과 시민들에게 보여 주어야 한다. 황우석이 쓴 돈이 어떻게 쓰여졌는지 파헤쳐져야 한다. 잘못 쓰여진 돈은 국고로 돌아가야 한다. 그리고 연구개발사업엔 코스닥을 통해 민간자본이 유치되어야 한다. 투자자들에게 이익금과 배당금이 나가도록 한다면 연구개발이 가짜일 수가 없기 때문이다. 가능성이 있는 연구개발사업엔 투자자들이 모인다. 투자는 돈이 되는 곳으로 간다. 그 어느 경우에도 사기꾼 과학자에게 세금 일전도 들어가게 해서는 안 된다.

그가 다시 살아나서 그 죄의 일부라도 씻어내려면 그의 연구를 지원하는 사람들의 자금으로 가능해야 한다. 관대한 한국인들이 나를 또한 감동시킨다. 그리고 놀라게 한다. 학자들 사회에서 이미 살 수 없는 사람에게 세상은 너그럽다. 다 거짓말하고 살지 않느냐는데 경악한다. 그러면 이 세상은 어떻게 돌아갈까? 우리가 소중하게 간직해온 선비정신은 어디로 실종된 것인가? 부끄러움을 모르는 자에게 나는 관대할 수 없다. 그에게 다시 기회를 주어야 한다는 사람들은 그들이 투자해 그의 연구를 지원해야 할 것이다. 그를 그렇게 도울 수 있을 것이다.

황우석도 윤동주의 「서시」를 인용했다고 들었다. "죽는 날까지 하늘을 우러러 한 점 부끄러움" 없는 삶을 그가 살았다면 그는 윤동주를 모독한 자가 된다. 제발 앞으로는 깨끗한 시인을 모독하지 않기를 바란다.

미셸 리 교육감

미국 대도시 공교육은 공해보다 심각한 범죄란 말이 있다. 학교가 암 같은 문제를 안고 있다. 성공적인 교육은 감옥문을 닫게 만들 수도 있다. 미국의 수도 워싱턴 DC 교육감 자리에 한인 2세가 최초로 임명되었다는 소식은 많은 한인들이 자부심을 갖게 했다. 학교 스승은 학생들의 운명을 변화시켜 왔다. 훌륭한 시민정신은 초등학교 시절부터 생긴다.

워싱턴 DC 시의회는 미셸 리(37세) 교육감 선임을 11일 인준했다. 리 교육감은 애드리언 휀티 시장이 파격 천거했으며 전임자가 전격 해고된 다음날 임명, 이 사실을 발표했다.

리 교육감은 청문회에서 강력한 행정개혁을 주장하며 "망가진 정부체제나 가는 등 외부환경 때문에 교육이 실패한다는 말은 더 이상 통용될 수 없다"고 피력했다. 그는 저소득층 학생들에 대한 관심과 교육관리 능력으로 찬사를 받았다. 워싱턴 포스트는 '뉴 티처 프로젝트'의 운영을 통해 도시 공립학교 문제에 지속적인 관심을 가진 것이 시의원들에게 호감을 주었다고 보도했다. 그러나 일부 의원들은 파격적인 그녀의 보수와 관련해 의문을 제기하기도 했다.

리 교육감은 전례 없는 최고 연봉에 보너스까지 책정해 계약했다. 확정된 연봉 27만 5,000달러에 보너스 4만 1,250달러가 30일 이내에 지급되고 일정 기준의 성과에 따라 매년 연봉의 10%인 2만 7,500달러가 보너스로 지급된다. 또 시에서 차와 운전기사를 제공한다.

DC 교육청은 총 직원 1만 1,500명에 교사 4,500명, 학생 5만 6,787명이다. 95%가 유색인종이다. 연 예산은 10억 달러에 달한다.

시의원들의 색안경에 비친 선입견은 석연치 않다. 보수 책정은 '가늘고 긴 것'이 현명했을 듯 싶다. 돈보다는 일이 우선이니 말이다. 지난 10년 사이 교육감이 7번이나 바뀐 것도 부담이 될 수 있다.

새 교육감은 신속하게 수십 명의 교장을 임명하고, 교사 임용과 직원 보수조정, 하계 수리공사로 33개교에 1,700만 달러를 8월 이전에 집행하고, 지역 상공인과 후원자들의 모금운동으로 기금을 확보해야 한다. 더욱이 정치적으로 민감한 수도권에서 불거진 현 시장의 부인이 가져간 6만 달러와 변호사비 등을 8월까지 수습해야 하는 고충이 있다.

리 교육감은 의사 아버지와 옷 장사 하는 어머니의 2남 1녀의 외동딸로 미시건 주 앤 아버에서 태어났으며, 초등학교는 오하이오주 토리도 주변 빈곤한 동네 학교에 다니다 6학년 때 1년간 서울 이모 집에 가서 한글을 배웠다. 하버드 대학에서 석사(1997년)를 받기 전에는 코넬대에서 학부를 다녔다. 초등교육의 글 읽기에 관심이 많은 영부인 로라 부시와 함께 대통령 연두교서(2004년)에 참여하기도 했다.

현재 덴버에 있는 집을 팔면 두 딸과 함께 워싱턴 DC에서 살 생각이다. 직장 동료인 변호사 남편과는 이혼 수속 중이다.

스승의 왕도는 학생이 배울 욕망을 갖도록 고무하고 격려하는 것이다. 달군 철을 망치질하는 인내와 같다. 도시 학생의 자질향상은 말할 것도 없고 교육 관리의 탁월한 정치지도력, 조직력, 성과평가를 확보해야 한다. 다음 몇 달과 몇 년 기간에 집요하게 그녀의 개혁성과가 검증될 것이다.

공인은 '돈'에 초연할수록 자유롭다. 재정 관리는 투명해야 한다. 업무량을 겁내지 말고 언약한 도전과 급진적 변화에 최선을 다해야만 살아남을 수 있을 것이다. 교원노조도 도사리고 있지 않은가. 교육의 열매는 달아도 뿌리는 쓴 법이다. 그녀의 성공을 빈다.

고문금지법의 허와 실

형량에 자백은 저울과 같고, 증거는 저울추와 같다고 한다. 죄인이 심문을 받으면 거짓말부터 시작하는 것이 통례다.

형사범이나 중범죄인은 증거(Evidence), 증언(Witness), 자백(Confession)의 세 가지 조건으로 죄질이 판가름 난다. 국가나 집단은 고금동서를 막론하고 고문이라는 방법과 기술을 철저하게 사용한다. 이 과정에서 협박과 처벌은 육체적, 정신적 피해를 주어 왔다.

유엔 총회는 인권유린 억제책으로 2006년 12월 9일 고문금지선언을 만장일치로 통과시켰다. 벌써 27년 전 일이다. 이때는 세계만방에 고문이 사라진 만민 평등의 자유세계 구현의 의지가 보였다. 제5차 유엔 범죄방지회의의 보고서를 바탕으로 12

개 조항으로 "어떤 국가나 권력집단도 정보나 자백을 받아내기 위해 피해를 가해서는 안 된다"는 것이다. 유엔총회는 재강조하는 뜻에서 고문금지조약을 1984년에 채택하기에 이르렀다. 이 조약은 33개 조항으로 '정보 취득이나 자백획득을 위해 육체적, 정신적으로 현저하게 고통을 주는 행위'를 고문으로 규정하고 '반인륜범죄'로 선언했다.

고문방법도 종교, 역사, 문화에 따라 놀랍게 다르다. 역사적으로 태장이나 매다는 방법을 조선시대나 그리스서 볼 수 있다. 현대사회의 범죄 형태와 죄질은 고도화된 과학과 기술의 발전과 함께 가공할 만하다. 범죄조사도 정신적, 육체적 타격과 위협을 위해 약물, 음식, 언어, 냉온고통, 동물위협, 명암조절, 환각변동, 절망적 심리변동 등을 동원하고 있다.

국가 간의 경쟁에서 과학, 기술정보 수집은 자국의 국리민복을 위해 필요하며, 전문인력이나 정보원들이 산업, 군사, 과학, 정치, 경제 분야 등에서 임무를 수행한다. 워싱턴 DC나 뉴욕은 창녀와 스파이들의 장마당으로 알려져 있다. 스파이들은 불을 뿜는 독사처럼 민첩하게 25시간을 뛴다. 반쪽의 정보는 허위보다 무섭기 때문이다.

프랑스 혁명 이전에는 동서양을 막론하고 자백의 증거능력을 인정했던 터라 자백을 강요하기 위한 갖가지 고문이 자행되었다. 그 시절 자백은 '증거의 여왕'으로 간주되었고 피의자를 오로지 괴롭히기 위한 고문도 흔했다. 민주주의의 확산과 형사소송법의 개혁에 따라 자백의 가치와 증거능력이 약화되었고 피의자나 피고인의 묵비권이 보장되면서 고문방법도 변하고 있다.

한국 헌법 12조 2항에 "모든 국민은 고문을 받지 아니하며,

형사상 자기에게 불리한 진술을 강요당하지 아니 한다"고 규정해 고문을 공식적으로 금지하고 묵비권을 보장하고 있다. 그러나 검찰과 경찰에 소환, 동행, 증거인 면담, 취조 요청 때마다 과분한 '협조'로 속 깊은 것들을 다 내주지 않는 피의자가 없다. 한국 헌법이나 유엔의 고문금지조약 등은 성문법의 실효성을 발휘 못 하는 경우가 더 많은 것이 문제다. 법은 있어도 고문에는 못 당한다는 허실성을 말하는 것이다.

독극물 테러와 암살 등도 고문의 변태적 유형으로 간주된다. 최근 전직 러시아 정보기관원 암살이 국제 뉴스가 됐다. 러시아 연방보안국(FSB) 출신으로 6년 전 영국에 망명한 리토비엔코는 한 달 전쯤 알 수 없는 경로로 치명적인 방사능 물질에 노출돼 숨졌다. 푸틴 대통령의 '악행'을 폭로하는데 앞장선 때문이라고 한다.

유엔의 선언문과 조약은 고문저지와 인권보호 차원에서 비전을 제시했다. 그러나 법적 구속력이 없고 실효성이 약해 조소감이 되고 있다. 고문, 암살이 자행되고 인권은 커녕 생명의 존엄성이 짓밟혀도 성명서 하나 내지 못하는 유엔 총회는 실망일 뿐이다. 이래서 유엔 무용론이 대두되기도 한다.

재판에 나선 사담 후세인도 고문을 당했다고 호소했다. 모든 전범들이 극형 전에 고문을 피할 방도가 없었다. 북한에 핵무기보다 무서운 600여 명의 자살특공대가 특별훈련 중이라면 방관할 수 있을까. 해외침투 전담대대의 활동계획을 추적하지 않을 수 있을까. 유엔은 무엇을 하는 기관인가. 고문과 암살은 정치문화적 소산이라고도 말한다. 정치외교적 해결책이 아쉽다.

청년들이여 야망을 품자

졸업시즌이 엄숙하게 지났다. 환희와 박수는 잠잠했다. 한인들 얼굴도 숙연했다. 버지니아 텍의 조승희 총기난사사건 뒤의 후유증은 사라지지 않고 있다. 결국 조승희에게는 졸업 기념반지나 학위 수여가 되지 않았다. 조지 부시 대통령은 축하 메시지에서 "지난달 희생된 학생과 교수들은 졸업생들과 온 국민들의 가슴 속에서 항상 특별한 자리를 차지하게 될 것"이라고 했다. 미 언론들도 "기쁘면서도 슬픈 날이 아닐 수 없었다"고 보도했다.

한인청년들의 난감한 심정에 불미스런 사건들이 계속 발생하고 있다. 미국 내의 한국 유학생 수가 세계 제1위로 8만 7,000여명, 그들 가운데 수치스런 사고가 보도되었다. 명문 듀크 대

경영대학원에 재학 중인 한인과 다른 아시안 유학생 9명이 시험부정으로 퇴학을 당했고, 스탠포드 대에서 한인여성이 재학생 인양 버젓이 속이고 기숙사에 살면서 ROTC 강의와 필수과목을 듣다가 무려 8개월 만에 발각되어 쫓겨났다. 부모들의 억압과 과잉기대 때문에 저질렀다고 한다.

형설의 공은 숱한 유혹을 뿌리치고 목적을 향한 마음뿐이다. 놀고 싶어도 놀지 않았고 먹고 싶은 것도 먹지 않으며 밤늦도록 읽고 쓰는 숙제와 복습, 예습에 전념한 결과 졸업을 했다. 이렇게 쌓아올린 학업성취와 공로로 마침내 졸업, 축하를 받는 것이다.

캠퍼스에도 유혹은 많다. 새로운 유행, 인터넷 상술과 게임, 좋은 차와 춤, 음악, 마약과 도박, 그리고 흔한 맥주 파티 등에 빠져들지 않을 수 없다. 그 중에도 가정에서 받는 스트레스는 감당하기 힘들다. 부모들의 요구, 강요는 청년의 의지를 꺾어 놓기도 한다. 사랑은 '풀어주는 것' 이라면서도 말이다. 학교에서는 한인 학생 중에 '우등생은 있어도 모범생은 없다' 는 비판이 일고 있다.

한인 청년들 고백은 과잉보호 부모들로 정신 건강을 망치고, 자녀들을 시한폭탄 같은 테러 괴물로 키운다는 탄식이다. 청년의 일들을 부모가 챙겨줄 것이라는 의뢰심이 왕자병, 공주병으로 깊어지고 있다. 독립성의 부족은 '마마 보이' 나 '마마 걸' 로 타인에 대한 배려나 관심이 부족한 자기중심적인 인간으로 왕따를 자초한다.

졸업시즌에 한인 청년들의 우수성을 빛낸 자랑스러운 일들도 많다. 역경을 딛고 일어선 학생들이 대견하다. 뉴욕에 유학 온

장영웅 청년은 만화영화 '미라지' 로 130여 편의 응모작을 제치고 '학생 아카데미 상' 입상의 영예를 차지했다. '미라지' 는 끝없는 욕망에 사로잡힌 로봇을 주인공으로 인생의 의미를 성찰한 작품이다. 한인 피아니스트 3명이 퀸 엘리자베스 콩쿨 결선에 진출했다. 벨기에 브뤼셀에서 열린 이 대회는 세계 3대 피아노 콩쿨 중 하나로 꼽힌다. 또 훼어팩스 거주 한인학생이 웃슨 고교 총학생회장, 부회장에 나란히 당선돼 동포사회와 이웃의 자랑이 되고 있다. 우리 아메리카 은행은 워싱턴 일원에서 총 12만 달러를 지급하는 7명의 한인장학생을 선발했다.

전국 지리경시대회에서 500여만 명을 제치고 챔피언이 된 케이트핀 스네링 양은 2만 5,000달러의 상금을 받고 "다른 젊은이도 나를 보고 야망을 갖게 되면 좋겠다" 고 소감을 말했다. 본 대회 연설 중에 청년들의 야망에 대해 다음의 7가지 교훈을 역설했다. ▲긍정적인 생각만 하라 ▲대담한 경쟁력만 발휘하라 ▲꿈은 클수록 좋다 ▲인내하면 때가 온다 ▲직업이나 결혼은 의논이 있어야 한다 ▲도전은 산 사람만의 몫이다 ▲개인적인 네트워크를 가져야 한다.

청년들의 성공은 자유로운 판단과 독자적인 신념에 달렸다. 청년은 나라의 기둥이며 그들의 야망은 내일의 등불이 되는 것이다. 한인 청년들이여, 야망을 품어라. 이 졸업 시즌에.

성공이 싫다?

청소년들은 부모들의 "성취제일주의" 가치관에 대개 거부반응을 보인다. 능력 있고 부유한 가정환경에서 자란 청소년일수록 좀 더 자유롭고 편안한 생활을 동경하는 경우가 많다. 얼핏 성공을 안 해도 그만이라는 식의 느슨한 태도로 보이지만 나름대로 '진실한 인생'을 살겠다는 뜻으로 해석할 수도 있다. 가치관의 차이일 뿐이다.

흔히들 자녀들의 대학 진학과 직장 선택은 자녀 본인들의 의견을 존중해야 한다고 강조한다. 그러나 부모 입장에서는 자녀의 진학과 취업은 선도적 차원에서라도 진지하게 대화하지 않을 수 없는 사안들이다. "의사나 박사가 되라"고 강요할 수도 없지만 그렇다고 "네 인생이니 네가 살아라!"고 방임하거나

"평양 감사도 저 싫으면 그만이지!" 라며 체념할 수도 없다. 자식 가진 부모들의 공통적으로 겪는 딜레마이다.

많은 한인 가정에서 세대 간의 가치관 차이로 부모-자녀 관계가 쌍곡선을 이루는 경우를 흔히 본다. 부모는 자녀들이 박사, 의사, 변호사가 되는 데 이민의 꿈을 걸고 있지만 막상 자녀들은 공부보다 춤, 노래, 그림, 스포츠, 연예 따위에 더 심취할 수도 있다. 우수한 두뇌와 능력의 소유자일수록 독창력과 진취력이 남보다 뛰어나게 마련이다.

임상 교육심리학의 측면에서 보면 이 같은 가치관 차이의 갈등은 성공의 참 가치를 어디에 둘 것인지에서부터 따져야 할 것이다. 부모의 과잉 보호 아닌 자녀의 두뇌능력, 성취욕, 경쟁심 및 낙천적(또는 적대적) 태도 등 개성이 중시돼야 한다. 학업성취도가 성공의, 또는 인생의 전부는 아니기 때문이다. 성적은 한때의 지표에 불과한 것이다.

자녀들에게 특정 대학이나 직업을 택하도록 강요할 것이 아니라 스스로 결단(Self-determination)하도록 자유로운 환경을 조성해줘야 한다. 한 소년을 인터뷰 하면서 "만일 산에서 길을 잃으면 어떻게 하겠니?" 라고 물었다가 "나무 밑에 앉아서 아빠가 데리러 올 때까지 기다리겠어요" 라는 대답을 듣고 아연실색했다. 너무나 소극적이며 의존적인 과잉보호 소년이었다. 이런 아이는 매사 간섭하는 부모를 떠나서는 생존하기 힘든 무능력자로 성장한다. 필자는 이 소년으로부터 도와달라고 소리 지르고 높은 능선과 계곡을 탐험하며 방향을 찾아보겠다는 대답을 기대했었다.

요즘 미국 대학들은 신입생들을 유치하기 위해 기숙사를 호화롭게 꾸미고 있다. UCLA는 일출 · 일몰 경관을 즐길 수 있는 아파트식 기숙사에 쇼핑, 요가, 마사지 등의 시설을 갖추고 있다. 텍사스 대학도 기숙사에 마사지 서비스(30분에 24달러)가 있고 스낵바, 자동청소 오븐, 초고속 인터넷 접속라인 등이 구비돼 있다. 학생들이 공부벌레가 되기보다는 삶의 즐거움을 만끽하며 학창생활을 보내도록 유도하고 있다.

자녀들의 구속이나 과잉보호는 옛말이다. 판단의 자유를 주면 '착각의 자유'에서 터득하는 교훈도 있게 마련이다. 갖다주는 밥보다는 찾아먹는 밥이 더 맛있다. 성취욕은 본능적이다. 부모와 자녀가 무엇이 성공인가를 놓고 맞서봤자 적대의식만 조장된다. 부모가 싫은 전공도 자녀에겐 바람직한 성공이 될 수 있는 것이다.

과학

박진감 있게 펼쳐진 올해 수퍼 보울 경기는 돈 잔치가 돼 버렸다. 국민여론은 스포츠와 돈벌이 사이에 이견이 팽배하다. 과학도 순수연구와 기업 마인드 틈바구니 속에서 새로운 가설을 찾고 있다. 요즘 이공계 기피현상에 대한 걱정이 많다. 기초과학의 근간인 물리학이 푸대접을 받는 걱정도 있다.

인류 문화는 과학기술의 발전을 통해 윤택해졌다. 과학은 인간의 호기심과 자연현상의 관찰로 항상 변천하고 있다. 예를 들어 지난 해(12월 26일) 세계를 경악케 한 대규모 해일 참사는 과거 미국에서도 발생(1700년)하여 9.1강진 때 워싱턴 주에서는 60피트의 파도로 밀어닥쳤다. 미 지질조사회(USGS)의 브라이언 앳워터에 따르면 향후 30년간 태평양 서북부에 이 같은 대규모 지진이 재앙적인 해일로 발생할 확률이 10%에 이른다. 연방정부는 해일 악몽으로 초조한 연구전략을 추진하고 있다.

성공적인 연구결과는 인류문화의 해결책이 되었고, 이 발명을 통하여 생활과학이 되어 왔다. 에디슨이 전기를 발명하지 못했다고 가정해보자. 우리는 아직도 호롱불 아래서 책을 읽고 쌀과 보리도 물레방아로 찧고 있을 것이다. 전화, TV, 인터넷은 공상 소설 속에서 나오는 명품들일 것이고, 별들도 가까이서 검토할 수 없으며, 백악관의 기자회견도 불가능할 것이다.

과학기술의 발전은 중대한 도전의 연속이다. 인간기술이 사람과 동물을 복제해내는 지경에 달했다. 불임부부나 자녀를 상실한 부모가 복제기술을 통해 아이를 가질 수도 있게 되었다. 배아 연구나 체세포 복제 등 생명공학 분야에서는 청신호를 보여주고 있다.

인간의 호기심으로 '발명의 왕' 토마스 에디슨은 전구와 축음기를 155년 전 발명해 냈으며, 최초의 계산기가 불란서(1942년)에서, 화란의 시계(1657년), 독일의 가솔린 엔진 자동차(1889년), 미국의 전화(1876년), 무성영화(1894년), 비행기(1896년), 타자기(1897년), TV(1927년), 자동컴퓨터(1944년) 등 생활필수품들이 발명되었다.

과학은 조용한 혁명이며, 남모르게 성공하는 매력을 지녔다. 만사는 소리 없이 되어지는 것이지 시끄러운 분위기에선 성사되기 힘들다. 연구보조비 없이도 부단한 발명을 할 수 있었던 선배 과학자들이 위대하게만 보여진다. 상품가치보다는 자족정신(Self-satisfaction) 때문에 전념하는 자세가 숭고하게 보여진다.

과학을 돈으로 잣대질 할 수는 없다. 그 졸속한 착상은 타락 이하의 낭비에 불과하다. 수퍼 보울 경기 같은 8만 여 관중의 박수가 아니라 전 인류가 흥분하여 혜택을 받는 과학의 위력을 인정해야 한다. 박수 없이도 흡족한 미소를 누릴 수 있는 과학이기 때문이다. 현실에 매도당하지 않는 순수과학정신이 얼마나 갸륵한가. 발명업적은 찬란한 생필품으로 지구촌에 공헌할 수 있다. 돈이 힘이 아니라 '아는 것이 힘' 이기 때문이리라.

부시 대통령의 환경 정책

"환경! 나는 환경을 만들어 낼 것이다"라고 프랑스 황제 나폴레옹1세가 49세인 1818년에 공언했다. 서구 지성인들의 통례적인 사고방식이었던 것이다. 조지 W. 부시 대통령도 엇비슷한 정치 철학으로 초지일관해 왔다. 정적이었던 앨 고어와 민주당 환경정책 공약에 맞서 왔다. 서방 선진국들의 집요한 압박과 〈교토 의정서〉의 온실가스 배출량 감소에 반대하는 입장을 지켜왔다.

만시지탄이지만 부시 대통령은 백악관 로즈 가든 연설에서 (2008년 4월 16일) 온실 가스 감축을 2025년부터 줄이겠다고 발표했다. 기후 변화와 지구 환경 개선을 다음 10~15년 이내에 온실가스 배출량이 정점에 이르고 난 뒤 줄여 나가고 기술

개발에 따라 시행할 것을 다짐했다.

미국의 이산화탄소 배출은 연간 6,200메가톤(2006년)으로 중국에 이어 세계 2위에 달한다고 네델랜드 환경 조사국이 발표했다. 이 환경 문제의 심각성을 소극적으로 대처했던 부시 대통령은 환경정책 때문에 경제적 타격이 생길 수도 있을 것이라고 경고했다. 아직까지도 부시는 입법안 촉구나, 대통령 지침서, 어떤 규제령 만들기에 소극적이다. 지금부터라도 적극적이었으면 하지만 그의 본색은 반환경적인 것을 보여주고 있다.

하원의 지구 온난화 위원회 에드워드 마키 의원은 "지구 온난화의 위협에 대한 진정한 해결책 실현의 가능성마저 없애려는 것"이라고 반발했다.

온실가스 배출량은 14.7% 증가(1990~2006년)했다고 미국 환경 보호국(EPA)은 2008년 4월 15일의 연례 보고서에서 밝혔다. 부시의 환경정책은 경제적인 침체를 야기시킬 조짐이 보인다고 판단해서 차기 대통령에게 부담을 미루고 싶은 심산이다. 이번 연설을 통해 배출허용 (한도) 온실가스의 총량을 정해 놓고 거래하는 "Cap-and-Trade"(총량거래제)를 제시한 것으로 해결책이 아닌 수사학 '말' 공론에 그친 것이라고 워싱톤 포스트 4월 17일자 사설은 지적했다.

바바라 복서 상원 환경 위원장은 "미 국민과 세계 환경 공해에 대해 가장 무책임한 발상"이라고 지적하면서 임기 말인 2009년 1월 20일까지 아무 일도 안하겠다는 핑계일 뿐이라고 했다.

환경 + 정치 + 경제는 현대 문화 발전에 불가분의 관계에 있다. 그러나 인구와 환경의 관계는 생사가 얽매인 심각한 조건부터 책임이 따른다. 사람의 생활에서 경제여건과 정치관계는 없어도 생명에 지장이 없고 본질적인 이슈가 안 된다. 온실가스 배출량이 증가되면 그 결과는 지구의 사망인 것이다. 문명의 발달로 미국과 중국이 세계 인구의 자멸을 초래하면서도 나 몰라라 할 수는 없는 것이다.

옆집의 공업용수로 수질 오염을 야기하고, 자동차 배기통서 유출되는 오염된 가스는 도시 환경을 병들게 만든다. 무책임한 공해가 경제적인 선진도구로 이웃을 죽이면서까지 대형화로 커지는 현상을 참다운 성공이라고 자부할 수 있을까? 집단 이기주의는 비뚤어진 정치보다 더 잔인한 것이다. 자본주의적인 발상은 이런 행태의 무책임을 언제까지라도 방치할 수는 없는 것이다. 법치국가라고 하면서 국민을 우롱하거나 민초들의 생명권도 보호 받을 수 없다면 원시 부족정치보다 나은 점이 무엇일까?

지구촌의 연령은 45억년인데 인간존재는 4억년에 불과하다. 잠시 왔다 가는 인간의 두뇌들이 무책임한 정치 공략으로 지구를 멸망시키려고 하는지 아니면 인류멸망을 방관할 요량인지 심각한 작태가 벌어지고 있다.

환경은 신이 쓴 책이며 예술인 것이다. 나폴레옹도 환경창조에는 완패를 당하지 않았던가. 환경에는 거짓이 없고, 용서도 없는 것이다. 로마의 시인 유베날은 이것을 보고 "환경과 지혜는 언제나 같은 말을 하고 있다." AD 140년 선각자의 말을 21세기에 다시 음미해야 할 것이다. 과학 기술의 발전이 자연의 파괴를 가져와서는 안된다. 이명박 정부의 대운하 건설이 한국의 자연파괴를 가져오지 않나 심각하게 고려해야 할 것이다.

지구촌의 쌀 폭동

자원외교란 말이 나오면서 원자재 값이 폭등하고 있다. 기름 값이 하늘 높은 줄 모르고 치솟고 있다. 쌀도 품귀현상을 빚고 있다. 경제가 불황이 아니라 공황을 향해 가고 있다. 쉽게 말해 수요와 공급의 불안 심리가 갈피를 못 잡고 있다.

식량 위기의 발생은 인재와 천재라고 볼 수 있고 단기적인 정책과 원만한 전략결핍으로 보여진다. 인재로 발생한 책임은 다음의 3가지 측면에서 분석할 수 있다. 농업이 에너지 집중 산업으로 돌변했다. 친 환경적인 곡물의 에너지 전환 정책은 옥수수와 쌀의 품귀현상을 만들어냈고 개스와 에탄올 생산에 현실적이 아닌 사기적 정책을 만들어냈다(뉴욕 타임스지). 그리고 농지를 생물 연료 개발에 전용함으로 식량 생산 농지는 줄어들고 수요와 공급의 격차가 벌어졌다. 토지(땅)는 사람에 의해 희생양이 된 것이다.

쌀 생산도 예외 없이 비료 + 농기구 사용 + 수송 + 가격 변동의 현상이 연쇄적으로 돌변 했다. 쌀 수입국인 필리핀은 베트남 등에서 공급 보장 확보에 분주하고, 홍콩은 타일랜드와 교섭중이나 수출 제재를 당하는 형편에, 경비원들을 논마다 배치하여 "쌀 도둑"들을 방지하고 있다. 타일랜드의 쌀 가격은 톤당 795 달러로 1년 전 보다 147%가 올랐다.

쌀 수출국인 이집트, 인도, 베트남, 타일랜드, 호주 등은 자국내 쌀값 안정을 위해 수출 금지 조치, 수출 부가세, 통제품 규제 명목으로 억제 정책을 강행하고 있다. 설상가상으로 세계 극빈국들이 사용하던 곡식들인 옥수수와 쌀은 대체 연료 개발로 에탄올화 하면서 값이 폭등했다. 쌀값 인상은 정치적 불안으로 인도네시아, 아이티, 우크라이나, 아르젠티나에서 쌀 폭동이 발생했다. 이집트와 맥시코는 폭발 전야에 봉착했다.

북한 주민들의 식량난은 극심하다. 김정일도 쌀 구입 차 베트남에 간다고 보도되었다. 대북 지원 단체에서 쌀과 밀가루 등을 나눠 주면 늦은 밤에 인민반회의가 열려 "애국 미" 명목으로 80%를 강제 회수해 간다. 장기간의 영양 결핍에 시달린 주민들이 정상적인 건강을 유지하지 못하는 형편을 탈북자 이애란(45세) 씨가 "고난의 행군"에서 발설했다. 북한도 1990년대의 극심한 식량부족난을 다시 겪고 있는 것이다.

반기문 UN 사무총장은 4월 23일 아프리카 서부 내륙 국가들과 식량 위기를 논의하기 위하여 방문 중이다. 유럽 연합과 영국지역은 동 유럽과 구소련 곡창지대의 곡물 가격 급등에 관하여 파이낸셜 타임스에 보도(2008년 4월 24일)했다.

쌀 폭동을 피해 보트를 타고 탈출을 감행하는 "보트 피플"까지 등장했다. 카리브해의 섬나라 아이티 국민들이 고가의 식료품 가격으로 유혈 폭동이 발생하여 대 탈출로 미국 연안을 향하는 보도를 로이터 통신(2008년 4월 22일)으로 전했다.

"배고픔을 더 이상 버틸 수 없어 마이애미로 정처 없이 떠났다"고 4명의 아이와 일자리가 없어, 물가가 너무 비싼 그곳에 머물 수 없었다고 토로 했다. 미국 해안 경비대가 지난 10월 이후 792명의 "보트 피플"들을 구속했으며 이미 송환된 사람은 400여명에 달한다.

미국의 식품 가격 급등은 증권가를 당황하게 만들고 경제 대안 찾기에 분주하다. 지난 수개월 사이에 쌀, 밀, 옥수수 등과 기본 식료품 가격은 두세 배나 폭등했다. AP 통신(2008년 4월 24일)은 월마트 계열 유통업체인 대형 창고형 할인 매장인 샘스 클럽이 한 번에 살 수 있는 쌀의 양을 20파운드(약 9kg) 한 포대로 제한하고 있다고 보도했다. 샘스 클럽은 전 세계에 593개, 코스코는 534개의 매장을 갖고 있다. 일부 지역에서는 이미 매진되고 부족 현상이 나타나고 있다.

미국 빈곤층도 푸드 뱅크의 고갈로 빵과 쌀 등을 얻지 못하고 있다. 워싱톤 근교의 알링톤과 알렉산드리아 푸드 뱅크도 다른 700여 곳과 마찬가지로 수천 명의 굶주린 사람들을 돌려보내고 있다. 알링톤 푸드 뱅크 사무장인 크리스틴 루카스는 "비싼 개스비를 들여 찾아오는 노인과 장애인들마저 빈손으로 돌아서는 모습에 불안감을 감출 수 없다"고 하소연 했다. 학교 급식 가격도 증가하여 2불 70센트에서 3불 10센트로 올랐다.

일본은 명치유신(1864년) 때에 이미 쌀 폭동을 경험했다. 10년, 20년을 미리 준비하는 장기 자원정책과 현실성있는 정책수립, 집행이 바람직하다. 풍요로운 지구촌에서 배를 굶주릴 이유가 무엇일까. 인재는 천재지변만큼이나 심각하다. 사람이 재난을 일으키는 사건들이 다반사다. 천재보다 인재가 더 큰 요인이라고 본다.

제 2 장

서울의 피서객

서울의 피서객

복더위에 피서지들을 찾는다. 고향을 찾는 한인과 이웃도 많다. 워싱턴 DC의 찜통 더위는 수많은 인구이동을 재촉한다. 못 가는 휴가에 하늘을 쳐다보며 마음 가는 '서울'을 생각해본다.

서울의 여름은 아스팔트가 눅신거리던 종로 거리밖에 생각이 나지 않는다. 다시 생각해보면 그것만도 아닌 듯싶다. 다른 나라에서 찾아볼 수 없는 냉면, 참외, 목물, 노래, 의리 등이 서울에서는 흔했다. 그 중에서도 황홀한 것은 참 친구와 부른 즐거운 노래들인 듯 싶다.

좋은 친구는 솔직한 마음을 털어놓을 수 있는 사람이다. 신뢰의 대상이다. 서로 마음과 마음을 한결같이 수평선에 놓고 있는 관계를 말한다. 깊고도 깊은 대화에 시간 가는 줄을 모르는 정다운 사이가 평범한, 그러나 특별한 친구인 것이다. 잔뼈가 굵어지고 늙어가는 이즈음에는 이 '좋은 친구' 하나를 찾아 서울 방문길에 나서는 꿈을 가져본다.

또 한 가지 이유는 서울의 연가들이다. 그 많은 노래와 뜻이 가슴에 와 닿으니 말이다. 콧노래로 부르는 '낮에 나온 반달', '봉선화', '성불사의 밤', '옛 동산에 올라' 등이 생각난다. (필자는 1964년도 유학생이다.) 이 애창곡들은 다 홍난파의 작품이다. 독일에 슈베르트가 있었고, 미국에 포스터가 있듯이 홍난파의 음악혼은 우리의 심금을 울려준다.

매미소리가 울창한 계절이면 8월 30일에 작고한 44세의 젊은 홍난파를 애석히 생각하지 않을 수 없다. 서울의 찬가는 아니라도 민족 정기를 올곧게 고창한 선각자다.

꽃향기 가득한 서울서 청계천에 뜬 달 그림자, 깜깜한 밤 별처럼 반짝이는 아름다운 마음을 살며시 전해주는 신실한 친구들을 보고 싶다. 진실한 꽃 마음과 별 마음을 함께 나눌 수 있는 그 시간이 아쉽다. 착각일까.

삭막한 이민생활에서 마음의 고향인 서울을 상상해보는 순간은 참으로 소중하다. 흔들리는 나뭇잎과 지저귀는 새소리, 시냇물 흘러가는 청계천 소리에 억장이 씻겨 내리는 듯 후련하다.

이명박 정부에 바란다

한미 관계는 현대 외교사에서 어느 때보다 긴박하다. '한반도 신화' 를 기대하면서 조지 W. 부시 대통령은 특별기자회견(2월 28일)에서 "국가지도자 중에 김정일은 만날 필요가 없다" 고 단언했다. 반면 이명박 대통령과 일행은 다음 달 미국을 방문하고 캠프 데이비드 회담과 축하 결의안을 통과시켰던 의회 지도자들과의 요담 등 어젠다 준비에 부산하다.

이 대통령도 "한미 관계는 전략적 우방에서 미래지향적 동맹이 돼야 한다" 고 방향을 제시했다. 취임식 연설에서 58개 공약과 정책을 38분 동안 외쳤다. "과거의 굴레를 벗고 이제 미래를 향해 나아가자" 면서 "세계경쟁은 치열하다. 중국과 일본의 경쟁에 대처해서 회생할 수 있어야 한다. 싸우다가 시간 낭비 말

자. 선진국의 기회를 놓치기 쉽다. 지식산업은 재편해야 한다. 어렵고 힘든 덕목을 앞장서 실천하며 국민의 마음을 움직일 수 있어야 한다"고 했다.

이 대통령은 취임식에서 깜짝 선물로 '섬김의 지휘봉'을 받았다. 축가로 베토벤 9번 교향곡 4악장의 '환희의 찬가'를 연주한 서울 시향의 정명훈 지휘자는 우레 같은 박수 속에 대통령에게 악수를 청한 뒤 방금 사용한 지휘봉을 선물로 드렸다. 이 지휘봉은 정씨가 3년 전에 받은 선물의 보답이었다. 서울 시향 지휘자에 취임한 직후 서울 시청 태평홀에서 이명박 시장이 교향악단을 잘 이끌어달라며 깜짝 선물로 전한 상징적 정표였다. 애국애족의 깊은 뜻을 다짐하며 대한민국이라는 오케스트라를 잘 이끌어달라는 부탁의 뜻을 담았다.

'음악의 정치경제학'의 저자이며 유럽 부흥개발은행(EBRD)의 초대 총장을 지낸 프랑스의 자크 아탈리는 '지휘법'을 몇 단어만 바꾸면 정치와 다름없다고 말했다. 그는 지휘자는 모든 단원이 보이는 위치에 있어야 하고, 단원 수가 늘어나면 지휘대도 높여야 한다. 그의 얼굴 표정은 영향력과 직결된다. 오케스트라가 지휘자를 잘 볼 수 없거나 보지 않으려 한다면 그의 존재는 무의미하다고 지적했다.

미국과의 미래지향적인 동맹관계는 긍정적인 비전으로 환영을 받고 있다. 구약의 모세는 40여년의 유목생활을 청산하고 젖과 꿀이 흐르는 가나안 복지로 지휘봉이 아닌 '능력의 지팡이'(출애굽기 4장 17절)로 인도했다. 취임사에서도 선진화 원년을 건국 60주년부터 실현하자고 강조했다. 이 대통령은 발전된 경제, 편안한 나라, 화합하는 노사, 큰 시장, 신바람 나는 기업, 전화위복의 농어민, 정상화된 공교육, 만개하는 문화, 민생고를 덜어주는 실용정치에 전력하겠다고 '지팡이' 를 높이 들고 있다.

실용외교의 어젠다와 의전행사 준비로 분주한 백악관과 국무부 등은 행정능력과 지도력 검증에 관심이 많다. 담당자들은 연설내용과 실천과정의 변수에도 책임감을 파악하고 싶어 한다. 역대 대통령들도 희망적인 취임사까지는 낭독할 수 있었으나 실천의지가 문제시 되었다. 김영삼 대통령은 자신의 신한국은 '정의가 강물처럼 흐르는 사회' 라고 강조했다. 그러나 이 공약도 아들과 가신 그룹에 막혔고 모진 외환위기를 치렀다. 김대중 대통령은 '국민의 정부' 를 선언했으나 지역갈등만 심화시켰다. 노무현 대통령은 '참여정부' 라고 공약했으나 결국 소수의 코드정부로 마감했다.

이명박 대통령의 임기 60개월 후에도 '환희의 찬가' 로 울려퍼지는 지휘봉보다 '능력의 지팡이' 다운 지도력이 청사에 빛나길 바란다. 시작은 반의 성공이라고 한다. 한반도의 신화와 한강의 기적을 낮에는 구름기둥, 밤에는 불기둥으로 성취할 수 있기를 바란다. 애국가를 목 터지도록 부를 날이 올 것이다.

반기문 유엔 총장

조국은 마음의 고향이다. 해외 이주민의 심정도 한결같이 허전하다. 반기문 차기 유엔 총장이 37년 공직생활의 마지막 외교통상부 출근에서 "여러분… 얘기할 기회가 없어진다고 생각하니 무인도에 내동댕이쳐진 듯 허탈감과 상실감을 느낀다."는 고별사를 남겼다.

지구촌 경영의 총책을 맡은 반 총장은 뉴욕에서 192개 회원국가와 직원 1만 9,206명과 새 임무를 수행한다. 한국은 유엔 감시 하에 정부가 수립되었고, 한국전쟁에도 유엔군이 싸워 주었다. 유엔은 정의의 상징, 힘의 상징으로 알려졌다.

반 장관은 소년시절 충주비료공장에 온 미국인 엔지니어 부인들로부터 영어를 배운 것이 동기가 되어 영어웅변대회에도 나갔고, 그 결과 백악관 방문을 하고 후일 외교관이 되었던 것이다. 빈곤한 나라의 시골 소년이 국제정치외교의 아이콘이 되고 선망의 대상으로 성공한 것이다. 고별연설 뒤에는 난제 산적한 국제무대의 과제들을 동정하는 목소리도 들린다.

'국제평화와 화합'의 이면에는 부단한 전쟁과 갈등에 문화적 우월감이 도사리고 있다. 현실적으로 유엔은 강대국의 의지를 넘지 못하는 절대적 한계를 경험하고 있다. 유엔 분담금만 해도 적자운영 중이다. 현재 6억 6,100만 달러의 적자운영을 해결해야 한다. 미지불 국가들의 95%는 미국, 일본, 브라질, 아르헨티나 4개국이다. 그래서 12월말까지는 부족한 2억 달러를 우선 미국 정부에서 차용해야 할 다급한 처지에 놓여 있다.

과다한 경비 지출을 평화유지와 개발원조, 식량 농업, 원자력 감시활동 등에 사용하고 있다. 한국은 여전히 '후진국'으로 분류돼 있다. 지구촌 경영의 총수로 한국의 발전이나 북핵문제 해결에 해결사이기를 바라는 미 국무부 관리는 아직 보이지 않는다.

한국 정부의 정치 경제 불안이 큰 흠이 되고 있는 것은 사실이다. 미국은 남한의 국운이 멍든 이유가 북한 핵무기에 대한 공포보다 남한의 경제위기라고 지적했다(뉴욕타임스 11월 27일자). 대서 특필로 가혹하게 경제파탄으로 보도했다.

'무인도의 상실감'에는 국제시장의 광풍이 연말 경기의 호황을 일깨워주고 있으나 한국경제는 고전을 면치 못한다는 것이다. 외국인 투자자들은 서울서 등을 돌리고, 직접 투자가 3년 만에 두 자리 수로 추락하고 있다. 워싱턴 포스트는 부시 대통령의 강한 의지와 집요한 전략, 북한의 경제위기와 핵무기 포기에 대한 심각성을 호치민 시 발표로 보도하고 있다. 설상가상으로 한국의 조류인플루엔자 공포가 상세히 보도되고 있다.

'내동댕이 쳐진 허탈감'은 한반도의 군사전략이 열강들의 위협을 받고 있다는 것이다. 내년 1월에 개원할 미국 하원의 민주당 거물 찰스 랑겔(뉴욕) 세출위원장은 "북한의 위협에 대처하기 위해 징병제를 부활하는 방안을 제출할 것"이라고 했다. 로버트 게이트 국방장관 지명자도 전 CIA 근무 시절 클린턴 정권 때 영변 핵시설에 대한 폭격을 천거했던 강경파로 알려졌다.

햇볕정책에 대한 애착과 퍼주기식의 자동인출기 역할뿐만이 아니다. 북한에 보낸 구호식량의 80%가 '애국미' 명목으로 다시 회수되었고, '고난의 행군' 때는 아예 중단된 일까지 알려지고 있다. 속빈 강정 같은 자본의 해외유출은 국력과시에 도움이 안 된다. 조기 유학생이 범람하나 실력은 뒤진 지 오래다. 부동산은 투기 광풍에 춤춘다.

해외동포에게는 조국의 밝은 미래가 위안인 것이 사실이다. 국력은 민족정기인 것이다. 한인들의 정신적 단합이 지리적으로 서울이거나 워싱턴 DC이거나 의지할 수 있어야 한다. 공항을 떠나는 '허탈감과 상실감'도 아끼는 마음으로 신뢰할 수 있기 바란다. 강인한 우리 민족은 '내동댕이쳐진' 적이 많았지만 다시 일어서지 않았던가. 산적한 난제가 우리 모두에겐 너무도 많다. 반 총장의 행운을 빈다.

한반도의 무장해제

노무현 정권은 나라를 불안하게 만들고 있다. 통치자의 의사 결정에 따라 국민의 행, 불행이 결정된다. 역사는 되풀이 되고, 현실문제가 심각해도 정권은 둔감하다.

노 정권은 북한을 향해 무장해제를 선언한 듯하다. 한 나라의 무장해제는 국권을 포기하는 것이며 무조건 항복을 받아들이는 것을 뜻한다. 총을 놓고 국민을 보호할 수는 없다. 살기를 체념하는 것과 같다. 다시 말해서 '생존권의 포기' 에 불과한 것이다.

100년쯤 전(1907년) 8월 1일에 한양에서 대한제국의 총연합 군대가 해산됐다. 한반도의 전 군대를 포함한 시위연대외 지방의 진위대 등이 순종의 조칙으로 해산된 것이다. 이 때의 무력 항쟁은 서울 시위연대의 제1대 대장인 박승환의 권총자살로 일본군과 조선군 사이의 시가전으로 발전했다. 지방의 저항세력들까지 봉기해 투쟁했으나 일본군에 진압되고 말았다. 박승환의 순국은 순결한 애국충정이었다. 안타까운 일은 이완용과 이토히로부미가 체결한 한일신협약(정지 7조약)의 부속 결약으로 고종은 허탈하게 퇴위되고 만 것이다.

봉건국가의 절대적 군주였던 고종은 일본 사무라이들이 왕비를 능욕하고 살해를 자행했음에도 항거할 수 없었고, 자신의 충성스런 군대가 해산되고 자신의 나라가 일본에 병합돼 그 스스로 일본 천황의 신하가 되면서까지 굴욕을 감수한 것이다. 그뿐만 아니라 나라가 망하고 일본에 넘어갈 때도 황족이나 벼슬아치 대부분은 무심했다. 애국은 백성들의 몫이며 자살한 박 대대장 같은 비장한 자살은 당연한 '아랫것' 들의 분수였다.

오늘의 한국상황 작태도 병역의무 기피 현상이나 국적포기에 조기유학 따위 '신흥 귀족', '재벌족', '황족' 들의 특권의식으로 나타나고 있다. 쇠잔한 국력에 국위선양이란 한낮의 맥빠진 맥주인양 하다. 현실은 역사의 거울이라고 한다. '북핵' 위협을 타협한다고 하면서 남한은 북한에 굴욕적이며 맥빠진 '통일' 을 외치고 있다. 한 100년 전의 무장해제를 공표한 8월 1일의 국치가 아직도 자행되는 듯 싶다.

한반도의 무장해제는 경제붕괴와 지도자의 무능으로 재연되지 말라는 보장이 없다. 과연 미군철수 뒤의 국토방위는 책임질 수 있을까. 강한 지도자 한 사람의 비전이 참으로 필요한 때다.

"나는 어려운 작은 나라에 태어났으며, 가난하고 불행했으며, 들쥐를 잡아먹으며 연명했고, 나는 배운 게 없어 내 이름도 쓸 줄 몰랐지만, '남의 말에 항상 귀를 기울였다.' 그런 내 귀는 나를 현명하게 가르쳤다. 적은 밖에 있는 것이 아니라 자신의 안에 있다. 나 자신을 이기자. 나는 징기스칸이 됐다." [징기스칸의 편지(김종래)] 항복하지 않는 삶을 찾자.

이민자의 애국

지금으로부터 거의 1세기전, 상항(샌프란시스코)의 한 노상에서 진풍경이 벌어졌다. 상투를 튼 조선 사람 두 명이 서로 멱살을 잡고 싸우고 있었다. 인삼 장수인 이들은 상대방이 자기 판매구역을 침범했다며 미국인들이 보는 앞에서 볼꼴 사납게 난투극을 벌이는 것이었다.

이 모습을 지켜 본 도산 안창호 선생은 기가 막혔다. 나라 잃은 사람들이 만리타국에서까지 추태를 벌이는 꼴이 안타까웠다. 그는 독립운동을 제대로 하려면 우선 한인들의 교육이 앞서야 한다고 판단했다. 그런 목적으로 도산 선생이 1913년 창설한 기관이 바로 흥사단이다.

남가주 리버사이드 시에서 도산의 동상 제막식(2000년 8월)

이 있었다. 리버사이드는 도산이 오렌지 농장 인부로 일하며 독립운동의 기초를 다진 곳이다. 도산은 동료 한인 60여 명을 모아 독립정신을 심어주며 "나는 밥을 먹으면서도, 잠을 자면서도, 대한의 독립을 생각한다. 목숨이 다할 때까지 이를 계속하겠다"라고 말한 것으로 전해진다.

도산은 독립 운동가이기에 앞서 우리의 이민 선배이기도 하다. 그는 1902년 교육학을 공부하기 위해 부인 이혜련 여사와 함께 샌프란시스코에 첫 발을 디뎠다. 하와이의 사탕수수농장 한인 이민자들보다도 3개월 정도 빨랐다. 그는 오렌지 농장 인부들에세 성경의 "달란트 예화"를 들려주며 오렌지를 정성껏 따는 일이 곧 나라 사랑의 길이라고 가르쳤다.

매년 우리는 광복절을 맞이한다. 60평생을 조국 독립과 공화국 건설을 위해 몸바친 도산은 해방 7년전인 1938년 옥중에서 외롭게 숨졌다. 광복절을 맞을 때마다 선열들의 희생에 머리가 숙여지지만 특히 이민자로서의 도산의 가르침은 지금도 우리 재미 한인들의 귀감이 된다.

프랑스 철학자 가브리엘 브르셀은 현대사회를 "부서지는 세계"라고 정의했다. 그의 지적대로 세상은 자연환경의 파괴와 도덕윤리의 몰락은 물론 사랑마저 메말라가고 있다. 모래알처럼 부서지는 현대사회에서 대아를 위한 애국애족의 숭고한 정신은 바라기 힘들지도 모른다.

그러나 이민자로서의 우리의 애국은 거창한 독립운동 같은 것이 아니라 각자의 진솔한 삶, 질서를 지키는 삶에서 비롯된다고 할 수 있다. 플라톤은 "Politika"에서 애국은 각자의 의무를 완수하는 것이라고 했다. 그는 세상에 세 종류의 계급이 있는데 생산계급(서민), 방위계급(군인), 통치계급(철학자) 이 그것이며 이 세 질서 사이에 충돌이 일어나지 않아야 정의 구현의 사회가 이루어질 수 있다고 주장했다. 플라톤은 "몫", "자기의 할 일" 이나 "분배의 사명" 을 강조한 것이다.

재미 한인들의 애국심도 작은 각자의 몫과 사명을 충실히 수행하는 데서 비롯해야 한다. 도산 선생이 가르친 대로 민족적 자긍심을 지켜야 한다는 얘기다. 자기 일도 제대로 처리 못하면서 큰 감투나 쓴다고 애국자가 되는 것은 아니다. 자기 몫에 성실하려는 사람에게 걸림돌이 되지만 않아도 애국인 것이다. 도산 같은 수많은 애국투사들이 모함과 방해를 받지 않았어도 조국광복은 더 빨리 쟁취됐을지 모른다.

서울 특별자유시

풍수지리는 서울을 축복 받은 명당으로 점지해왔다. 경기도에서 독립한 '서울 특별자유시' 가 60년 전 8월 16일 공식적으로 태어났다. 고려시대에는 한양, 조선시대에는 한성, 일본 식민지 시대에는 대한민국 수립과 함께 경성이 공식 명칭이었으나 '서울' 로 불려왔다. 한국의 수도는 서울특별시로 개정(1949년 7월 2일) 되었다. 서울은 서벌-위례성(백제)-한양(고려)-한성(조선)-경성으로 4,000여 년 동안 이어져 왔다.

특별자유시의 개념은 '특혜 받은 개방도시' 가 아닌 다른 뜻이 담겨져 있다. 지난 주 서울 출장을 다녀온 친구 말에 따르면 허영과 명품에 속아 사는 '된장녀', 된장정부, 된장시민단체 등 비아냥거리는 유행어를 배웠다고 한다. 2,000원짜리 라면을 먹더라도 스타벅스 커피만은 7,000원을 내고라도 마셔야 하는 도시 풍조를 전해주었다. 물 마시고 이빨 쑤시던 고풍과도 엇비슷하다. 몰락한 양반의 헛기침과도 같고, 체면을 중시하는 서울시민들의 멋진 낭만일 수도 있다.

서울특별시민들을 생각하면서 60여 년 전의 신세계를 향한 대망을 자유의 가치, 특별시민다운 보통사람, 국제도시다운 위상으로 그려보게 된다.

첫째, 해방은 일본이 연합국에 무조건 항복을 하면서 생긴 독립이다. 진정한 자유는 획득하는 것보다 간직하는 것이 더 어렵다는 말도 있다. 세계 역사는 자유를 쟁취하려고 피바람을 일으킨 전쟁기록으로 얼룩져 있다. 그래서 자유는 항상 위태롭다고도 말한다. '자유시' 를 탄생시켰던 초심은 노예가 되지 않으려는 결단이지 않았을까.

둘째로 '특별시' 를 만들어 보통사람(민초)들이 가슴 펴고 자유민주주의 생활을 누릴 수 있게 하였다. 역사민족의 긍지를 지방자치법으로 구별하여 간직하고 싶은 의지를 엿볼 수 있다. 수도에 대한 자긍심과 책무에 법적 지위를 부여한 것이다.

워싱턴 DC도 '컬럼비아 특별구' 로 17세기부터 발전했으며, 파리도 도지사에 해당하는 '데파르트망' 의 기능을 겸하고 있다. 다른 도시들이 대부분 '코뮌' 이라는 행정단위를 이루는데 비해 '코뮌' 만이 아니라 '도 단위' 를 겸한 것이다. 북한도 평양을 평안남도에서 분리해 특별시로 지정하고 있다.

'서울이 특별시라면 서울시민은 특별시민이냐' 는 가난한 사람들의 우스갯 소리가 1960년대에 유행했었다. 그 후에도 지방학생에 대한 차별대우는 심각했다. 서울의 '특혜의식' 이 극심해진 것도 사실이다. 파리에는 프랑스의 모든 것이 있다는 말도 있지만 파리 사람들이 실질적으로 누리는 것은 주로 문화적인 특혜일 뿐이다. 동경은 정치와 교육의 본거지이며, 북경은 정치와 관료들의 중심이 되고 있다. 서울 사람들의 경우처럼 전반적인 특혜는 아닌 것이다.

셋째, 서울은 동북아 경제활동의 허브로 무역과 통상의 중심지가 되어가고 있다. 자유무역도시로 공정성을 지키며 서비스(AS) 센터로서의 업그레이드를 지향하고 있다. 서울은 국제적인 교육, 교통, 과학, 광고, 기술, 고급인력 등이 준비되어 있다.

역사민족의 고도들은 세 가지 공통점과 특색이 있다. 강, 인구, 권력이 그것이다. 도시 발전에는 국제적 신뢰도와 자유의지가 중요한 요건으로 등장했다. 문화민족으로 역사적 사명을 수행하는 선비정신(애국심)을 중시하는 것이다. 자유시민은 신용사회에서나 허용되는 특권이기 때문이다. 책임과 의무가 없는 자유는 잔고 없는 빈 통장과 같다. 민초들의 자유는 법으로 보장되는 권리인 것이다.

최근 한국청소년개발원 의식조사에서 국토방위에 참여하겠다는 청소년의 의지는 10%에 불과했다. 독립이나 국방을 등한시하는 오늘의 개인주의는 소중한 자유마저 포기하려는 착각일까. 전반적으로 부패한 국민 사이에는 자유가 존재할 수 없다. 판검사를 비롯, 사업가, 정치인, 교육자 등의 타락은 희망을 포기한 서울의 모습이 아니길 바란다.

조지 워싱턴은 "사랑의 끈으로 맺어진 사회 모형이 바로 천국"이라고 선포했다. 노예는 자유가 없다. 환갑동이 서울시는 새로운 청계천 변과 같이 파라다이스가 될 만하다. 서울의

4,000년 전통은 민족의 젖줄이며 마음의 고향이다. 멋진 서울이 아쉽다

북한의 녹슨 핵무기와 정상회담

평화는 전쟁보다 더 큰 승리를 보장한다. 평화를 국력으로 매도하여 핵무기 개발에 매진하는 나라들도 많다. 그러나 세계는 핵무기 보유에 박차를 가하고, 경쟁은 심화되고 있다. 그 목적은 자위적 안보 강화, 전략적 우위확보, 국민 자긍심 충족, 국위 향상에 있다. 김정일도 "고생 끝에 낙을 보게 됐다"고 핵실험 뒤의 회포를 털어놨다.

국제 언론과 할리우드도 핵무기 유출의 위험성을 부각시킨 '핵 배낭(Nuclear Backpack)' 테러가 결국 함정수사였다는 스토리가 대박이었을 정도다. 북 핵실험으로 이란뿐만 아니라 미국, 영국, 한국의 희비가 교차되고 있다. 월 스트릿 저널은 6자회담 전망을 대서특필하면서 "북한과의 대화나 타협은 최소한의 성과밖에는 예측할 수 없다"고 갈파했다. 결코 핵무기를 포기할 북한이 아니라는 비판이다.

유엔 주재 북한대사 박길연은 "북한의 핵실험을 자랑스럽게 생각하며, 안보리도… 사악하고 쓸모없는 가혹한 결의안 등을 처리하는 것"이라고 비난했다. 안보리의 북한제재결의 1718호는 북한의 핵과 대량살상무기(WMD) 확산 관련 물질의 북한 수출입을 막는 새로운 국제적 도구가 됐다.

크리스토퍼 힐 미 6자회담 수석 대표는 북한정권에 돈을 퍼주기 위해 디자인된 개성공단사업과 금강산 관광 유지 문제에 대해 부정적 의사를 말했다. 한국정부 방침에 대한 정면 도전인 것이다. 금강산 계획으로 1999년부터 올 8월까지 북측에 건네진 4억 5,152만 달러가 핵 등 무기개발에 연관되었고, 관광지구 내 도로포장 등으로 지원한 265억원도 북한의 '핵 종자돈'이라는 견해다.

지난 10년간 북한에 지원된 8조 4,000여 억 원이 핵개발 비용이란 비난이 햇볕정책에 연관되어 있다. 북한은 외국 원조에 의존하는 빈곤국으로 3억에서 8억 달러가 핵개발과 실험에 사용되었을 것으로 본다. 이번 핵실험에 사용한 소형 플루토늄 1발의 생산과 재처리 시설등에는 1억 9,000만 달러에서 4억 6,000만 달러가 소요되었다고 알려졌다. 포용정책으로는 졸속한 처사였다고 본다.

핵개발의 세계적 현황은 40여개국서 핵무기 확산으로 '핵 클럽'에 가세하고 있다. 런던의 세계핵협회는 현재 원자로 28개가 건설 중이고 62개가 건설 예정이며 160개는 계획 추진 중이라고 보고했다. 필요한 우라늄 광석만도 6만 8,000톤을 넘는다고 한다. 다들 평화적 목적이라고 하나 믿는 사람은 없다.

모하메드 엘바라데이 국제원자력기구 사무총장은 '핵무기 제조방법을 사용하는 49개국' 에 대해 경고하고 있다. 지난 9월에 국제원자력기구 총회는 핵연료 사용과 이동을 통제할 수 있는 '유엔 다국적 핵연료 은행' 을 설립하고 제시했다. 그러나 개발도상국들의 선진국 핵 기득권 유지라는 반발에 직면했다. 핵 전문가들도 "핵 클럽이 기득권을 고수하는 한 핵확산을 막을 새로운 방안은 요원하다" 고 지적했다.

북 핵실험의 득실은 잃은 것이 더 많다. 북한은 재정적 손실, 국제 외교질서의 실각, 공신력 상실, 군사전력의 노출, 과학기술의 열악성, 국제고립의 조소, 정권몰락의 위기, 국민의 불안감 등으로 녹슨 식칼의 본색을 드러내고 말았다. 영국 일간지 가디언은 이 기회에 "미국은 동북아 전략구도를 재편할 수 있는 기회를 얻었고, 중국은 '불간섭 비동맹' 정책을 끝내야 한다는 미국의 강한 압력을 받게 되었다" 고 보도했다. 일본, 대만, 한국도 핵무장의 필요성을 인정받았다.

한민족의 불행과 비극은 체제나 외압에 앞서 '나' 부터 평화통일의 롤 모델이 돼야 한다. 문화민족으로서의 자긍심과 독립정신이 아쉽다. 뉴욕, 로스앤젤레스, 워싱턴 DC에 일당을 받는 북한의 조선노동당 통일전선부 소속 선전요원들의 선동사례가 들린다. 속임수로는 진정한 평화를 얻을 수 없다. 녹슨 식칼로 무슨 요리인들 맛을 낼 수 있을까.

진솔한 평화애호민족의 자긍심을 지구촌에 심어보자. 크리스마스는 희망이기 때문이다.

반미세력

"한국 현대정치사는 역사의 반복입니다"라고 한국의 급진세력의 '미국원정시위' 뉴스를 본 조지 스티븐이 열을 올린다. 미국의 수도 워싱턴 DC에서의 시위는 60여 년 전에 한인들이 진작 했어야 옳았다는 주장이다. 미국의 내정간섭과 자유무역 등 '업어치기 당한 적'이 얼마나 많았던가. 돌이켜보면 한반도의 독립은 첫 단추부터 잘못 잠겨진 것이 분명하다.

남조선 과도정부가 시작도 되기 전에 미군정은 1947년 6월 3일에 수립됐다. 군정의 임무는 과도정부가 완전한 민정이 되기까지의 잠정적 집행부였다. 초대 군정장관인 아놀드 소장이 미국군대를 남한에 진주시킨 것이 1945년 9월 11일의 일이다. 미국은 행정권을 한국인에게 넘겨주는 첫 단계로 1947년 2월 1일에 안재홍을 민정장관으로 임명했다. 이어 남조선 과도정부는 군정법령 제141호를 통해 북위 38도선 이남지역의 입법 · 사법 · 행정기관을 통틀어 관장할 수 있었다. 실질적으로 미 군정청으로부터 서둘러 이름만 바꾼 것이다.

좌우 합작파인 안재홍이 취임하기 전에도 한인이 미 군정장관 아래서 부처장으로 정무를 운영해왔다. 그때 미국인 부처장은 거부권을 지닌 고문으로 1946년에 물러나고 한인이 실세로 등장한 적도 있다. 남북의 혼란스런 내분으로 군정청은 과도정부로 이름을 바꾸고 실권이 미국인 고문들에게 돌아가는 참담한 변동이 생겼다. 이때부터 정치 역사의 첫 단추는 빗나간 것이 된다.

과도정부의 최고결정기관인 정무회의서도 민정장관 안재홍은 무력한 존재로 전락하고 말았다. 자주독립의 기회는 불행하게도 준비 없이 대한민국 정부로 1948년 8월 15일에 행정권이 이양됐다.

미국 원정시위 기사를 생각하면서 건국 초기의 졸속한 위정자 모습들이 새롭다. 동북아의 정세변동은 태풍같이 험하고 심상치 않게 급변하는데 자유무역 반대에 대한 참신한 대안이 무엇인지, 평택 미군기지 반대에 대한 이익이 어떤 것인지, '미군철수'를 고집하는 정부는 확실한 '코드'로 열강을 설득하고 있는지가 궁금하다.

"미국에 언제까지나 기대 살 수 없다"라고 노무현 대통령이 말하면서 "한국은 독자노선을 지켜야 한다"고 민주평통 미주지역 자문회의서 연설(5월 3일)을 했다. 불분명한 '독자노선'의 발상은 투명성이 결여된 선동에 불과하며 동북아 정세의 뒷북을 치는 혼란만 야기하고 있다.

“자본주의와 사회주의가 존재하는 한 우리는 평화롭게 살 수가 없다. 결국 이쪽이나 저쪽이 이기게 되어 장송곡이 울려나올 것이기 때문이다”는 것이 레닌의 저작선집에서 지적한 지론이다. 미국이 생각하는 전략도 ‘적의 친구는 적’이라는 결론이다. 부시 독트린의 기본개념은 테러전쟁 시대의 경고인 것을 유념해야 한다. 북한이 꿈꾸는 “3년만 버티기”도 사실 부시 다음의 호전적인 민주당을 파악하지 못한 허상일 뿐이다. 민주당 정권은 1차대전, 2차대전, 한국전쟁, 월남전쟁 등을 발발한 기록을 갖고 있다.

미국의 2004년 대선에서 민주당 후보들은 한결같이 부시의 대북정책이 너무 허약하다고 비난했었다. 부시 당선 후 북한정세를 낱낱이 보고한 CIA 국장은 민주당 대통령 클린턴이 임명한 조지 테넷이었으며 그의 설득으로 북한은 ‘악의 축’으로 오명의 낙인이 찍혔다.

열강의 틈바구니 속에서 지정학적 판단과 전략이 필요하다. 미 군정에서 조선 민정과 정부 수립과정에서 체험한 60년 전의 역사적 과오를 간과할 수 없다. 그때 자주독립의 확고한 설계를 백악관 앞에서 부르짖을 수 있었다면 한국의 미래지향적인 민족 단결과 조직이 인정을 받았을 것이다.

남조선 과도정부도 모든 책임을 미 군정에 떠넘기며 비난을 퍼부었다. 그때의 한국인 민정장관이나 부처장들은 조국의 광복을 위해 무엇을 했나.

한국인들의 깨끗하고 반미적인 시위를 미국에까지 와서 하는 한국인들. 강한 소명감이 절실하게 필요하다. 국익은 임무인 것이다.

착각 속의 단일민족

한국의 사람 차별은 심각하다. 미국에서 귀국한 10여 세 소년이 얼굴이 검다는 이유로 얼굴에 침을 뱉는 수모를 당했다. 최근 그 소년이 미식축구 영웅으로 서울을 20년 만에 방문하여 국빈대접을 받는 경사가 있었다.

개천에서 용이 났다고, 청와대는 정찬에 선물까지 주었다. 최우수 선수(MVP) 하인스 워드(30세)는 서울에서 "(돌이켜보면) 창피했던 것은 혼혈이 아니라 차별이었다", "나는 한국의 모든 것을 사랑한다", "사랑에는 색깔이 없다"는 말들을 남겼다. 어머니 김영희 여사는 "(친정) 엄마는 흑인 손자 사진을 서랍 속에 숨겼죠"라고 고백했다. 아들에게는 "겸손해라. 오르막이 있으면 내리막이 있다"고 알려주었다.

인간의 우열 잣대를 출신성분이나 얼굴 색깔에 둘 수 있을까? 유학시절(1964년)에 만난 한국인 친구는 캠퍼스에서 일본인 행세를 해왔다. 그의 고백(?)은 대접을 받기 위한 방편일 뿐이라고 했다. 한국계 흑인학생은 재정지원과 장학금을 받기 위해서, 멕시코에서 온 한인 자손과 하와이에서 온 한인계 혼혈인들도 자신을 숨기는 것이 오히려 편하다고 실토했다.

사실 한국의 혼혈인들은 불행하게도 인간 이하의 취급을 받아 왔다. 기지촌의 그들을 '아이노꼬'나 '튀기' 등으로 불러왔으며, 학교문도 닫혔고, 직장 기회도 제한됐으며, 병역의 의무도 없었다. 이런 차별은 외국인에 대해서도 극심했다. 심지어 일본인을 쪽바리, 왜놈, 게다짝으로, 중국인은 뙤놈, 왕서방으로, 서양인은 코쟁이나 빨간 엉덩이로 비아냥했다. 그들은 천박한 오랑캐로 냉대를 받았다. 쇄국정책과 주자학의 유교정신이 인종차별로 변질되고 만 것이다.

반만년 역사의 단군 자손이라는 홍익인간의 정체성은 문화정신에 높은 비중을 두었지 DNA로 입증할 수 있는 혈통주의는 아닌 듯싶다. 한반도의 정착은 고증학과 인류학에 의하면 북방의 말을 탄 사람들의 이주와 배타고 상륙한 남방 사람들의 이동을 처음부터 왜곡 해석해왔다. 마침내 유교적 전통은 사람 차별에서 여자 신분을 노예로, 외국인은 오랑캐, 왕과 신하, 노인과 어린이 등을 종적 관계로 규정지었다. '나' 아닌 다른 사람은 '남'으로 배타적이 되었다. 인간의 존엄성과 능력이 근거가 불분명한 출신신분에 의해 무시를 당했던 것이다.

하인스의 방한으로 정부는 서둘러 '혼혈인'(Mixed-blood)을 잘못된 말이니 '결혼이민자 자녀'로 용어 변경을 제안했다. 법무부는 외국인과 자녀들에게 영주권을 부여하고 인종차별 금지법을 추진할 것을 공표했다.

해외동포 500만 명에 달하는 가정마다 외국인 사위나 며느리들을 맞이하고 있으며, 300여 만 명의 해외 입양자녀들도 현지 외국인들과 결혼을 하고 있다. 한국에서도 신혼부부 3쌍 중 1쌍은 필리핀, 중국, 태국, 방글라데시, 일본 등지에서 배우자를 초청해 이뤄지고 있다. 순수혈통주의는 아집에 가깝다. 단일민족의 기준을 어느 DNA에 맞출 수 있을까. 한반도는 단군이래 수천 번의 전쟁과 정복으로 말과 여자를 조공물로 교류해왔다. 국경도 없는 인터넷 시대에 한국은 지구촌의 한 이웃이 되어가고 있다. 사실 언어, 음악, 종교, 산업, 무역, 교육, 과학 등에서 고유성만으로는 역부족인 현실이다.

미국은 인종차별이 불법(1968년)인 것을 명심하자. '단일민족의 우수성' 은 겸손과 인내일 것이다. 백인에게 겁탈을 당하고도 묵과하면서 흑인친구를 소개할 때는 부끄러워하니 이율배반이지 않은가. 사랑의 본색은 색맹이어야 하고 '색깔' 이 아니다. 우리의 착각은 편견과 멸시, 그리고 냉대에 숨겨져 있다. 처음부터 '잘못 잠근 단추' 의 비극을 반성해보자. 한민족을 문화인으로 믿어주는 이웃이 있으니 '나' 의 태도부터 바로잡아 가는 양반들이 되자. 체면을 중시하는 우리 문화가 아니던가.

하늘을 연다

사람은 야망의 노예라는 말이 있다. "젊은이여, 야망을 가지라"는 격문도 있지만 "야망(탐욕)은 밧줄과 같아서 높이 타고 올라가려다 결국 그 밧줄에 목을 맨다"는 경구도 있다.

비슷한 격동기에 태어나 한시대를 풍미하다가 똑같이 3월에 사망한 네 사람의 혁명가를 비교해보면 이들의 동기가 야망이었든, 탐욕이었든 간에 신통하게도 한 가지 공통점이 있음을 볼 수 있다. 자기들 나름대로 '하늘을 열기 위해' 노력했다는 점이다.

갑오반란의 '녹두장군'으로 불리는 전봉준은 조선의 진보적 발전을 위해 일어섰다가 뜻을 펴지 못하고 41세로 처형됐다. 농민군을 지휘해 전주시를 점령한 전 장군은 집강소를 설치하는 등 개혁을 시도했고 공주서는 일본군과 대격전을 벌이기도 했다. 한 부하의 밀고로 체포된 녹두장군의 모습을 애달파 한 시인 신동엽은 그의 농민 운동이 조선 현대사의 결정적인 분수령이 됐다고 지적하고 '그는 하늘을 보았다' 고 읊었다.

칼 마르크스는 전 장군보다 10여년 전인 1883년 3월 런던서 형장의 이슬이 됐다. 당시 65세였다. 마르크스는 독일의 고전철학, 영국의 경제학, 프랑스의 사회주의 사상을 접목시킨 마르크스 혁명이론, 곧 공산주의를 탄생시켰다. 자본주의 비판과 그 멸망의 필연성을 증명하기 위해 방대한 저술작업을 벌이며 그 역시 '하늘을 열자' 고 절규했다.

마르크스의 꿈은 사라져 가지만 그가 남긴 이념투쟁의 혈흔은 가시지 않고 있다. 독일에서 평범한 유태계 변호사의 아들로 태어난 마르크스는 본, 베를린, 예나 대학에서 법학, 역사학, 미술사 등을 공부했다. 베를린 대학의 신학강사 바우어가 이끈 수신론적 자유주의에 탐닉하면서 사상적 편력을 시작한 마르크스는 가난과 멸시속에 추방까지 체험하면서 한때 신문기자로 일했고 끝내 세계를 양분한 이데올로기의 혁명가로 입신했다.

안중근은 대한의병 참모중장으로 중국 감옥에서 이 달에 사형 당했다. 중국 하얼빈역에서 러시아군을 사열하던 일본 추밀원 의장 이토 히로부미를 사살한 안 의사는 현장에서 러시아 경찰에 체포돼 일본 관헌에게 넘겨졌다. 한일합방에 대한 한국인의 강한 반대 의지를 누구보다도 뚜렷하게 세계에 알린 안의사는 옥중에서도 일본 제국주의를 비판하는 '동양평화론' 을 집필하며 '마침내 조선의 하늘이 열린다' 고 부르짖었다.

이오스프 스탈린이 죽은 것도 3월이다. 그는 1920년 소련정권을 장악한 후 정적의 무자비한 숙청, 개인우상 숭배 공산당 역사조작, 당의 관료화 등으로 소련에 '철의 장막' 을 펼친 장본인이다. 평범한 신기료 장수의 아들로 태어난 스탈린은 신학교 재학 중 반정부 서클에 들어가 활동하다가 퇴학당했고 감옥을 드나들며 직업적 혁명가가 됐다.

스탈린은 이미 생전에 비판을 받았다. 그의 정적 트로츠키는 1927년 '배반당한 혁명' 이라는 책을 써 스탈린의 야심을 책망했고 스탈린의 새까만 후배인 후루시초프는 1956년 비밀보고서에서 그의 개인숭배를 규탄했다. 그러나 스탈린은 자신의 야망이 인민에게 해방과 희망을 주기 위한 것이라고 믿었다. 말하자면 하늘을 여는 것이었던 셈이다.

한 시대의 인류역사를 주름잡은 이들 혁명 영웅은 잠시 하늘을 여는 듯했으나 결국 하늘은 다시 닫히고 말았다. 하늘을 여는 거창한 일은 본인의 야망만으로는 역부족이며 오히려 '하늘의 뜻' 을 찾고 기다리는 사람들에게나 가능한 것일까?

전봉준 장군과 안중근 의사가 처형당한 3월의 장마 비를 바라보며 인생의 부침이 새삼 허무하다는 생각이 든다.

총각 산타

환갑이 훨씬 지난 나이건만 '크리스마스'라면 선물 생각이 앞선다. 새해에 떡국, 추석에 송편 생각나듯 성탄절엔 세속적 의미의 선물교환 생각을 빼놓을 수 없다. 백화점과 쇼핑센터마다 혼잡이 극심해서 일년중 매상고가 가장 많은 절기이기도 하다. 성탄절기의 관심은 지구촌 남녀노소 구별 없이 '작은 정성의 전달'일 것 같다.

성탄절에 선물을 배달하는 산타 클로스는 누구였나? 그는 AD 4년께 부잣집 외아들로 태어났지만 급작스런 전염병으로 양부모를 잃은 고아로 자라났다. 젊은 나이에 신부가 돼 로마군정의 기독교 핍박으로 10여 년간 옥살이도 했다. 그는 많은 기적을 행사해 성 니콜라스로 불리었으며, 터키 남단의 해안 도시인 뎀르 교구에 임명을 받았다.

그는 불우한 이웃과 곤경 당한 사람들을 많이 구제했다. 한번은 한 극빈 가정의 세 딸이 결혼지참금이 없어 창녀로 팔려갈 위기를 맞은 것을 알았다. 그는 두 딸이 자는 방의 창문으로 돈 주머니를 몰래 넣어줘 위기를 모면케했다. 그러나 셋째딸이 자는 방엔 창문이 없어 금이 든 주머니를 지붕에서 굴뚝을 통해 내려줬다. 이 이야기가 전해져서 오늘날에도 각 집마다 벽난로에 장식용 선물 버선을 매달아 둔다.

필자의 자식들인 피터(효진)와 한나(효순)도 크리스마스 날 새벽에 올 산타 클로스를 맞기 위해 밀크와 과자를 쟁반에 담아 뒀었다. 물론, 그 아이들은 이제 산타가 실존인물이 아님을 안다. 그렇지만 산타가 살아 있다고 믿는 사람은 여전히 많다. 4살짜리 가운데 85%, 6살짜리 가운데 65%, 8살짜리 가운데 25%는 산타가 선물을 주는 것으로 믿는다. 이들이 호기심과 아름다운 꿈을 간직한 착한 어린이로 자라나는 것은 권장할 만하다.

산타의 미스터리를 여지없이 박살내는 성인용 버전도 있다. 연방정부가 산타의 정체를 확인하기 위해 FBI 요원(연방 수사관)을 북극에 파견했다. 방마다 장난감이 수천 개씩 널려 있고 화장실은 악취가 코를 찔렀다. 많은 사슴이 노동력을 착취당하고 있었고, 산타 자신은 매년 가정 불법침입을 일삼았으며 사슴들은 약재를 밀반입하고 있었다. 수사관은 산타를 전격 체포했고 연방검찰은 그를 약재 밀매, 가정 침입, 산업 스파이, 노동법 위반, 동물학대, 세금 포탈, 음주 운전, 상습 밀수 행위 등의 혐의로 종신형과 수억달러의 벌금형에 처해지도록 기소했다. 총각 산타의 행태를 비꼰 패러디이다.

산타 클로스의 실재 여부가 너무너무 궁금했던 8살짜리 버지니아 오헬런이 1987년 가을 뉴욕 선지에 "산타 할아버지는 정말 계신건가요?" 라고 묻는 편지를 보냈다. 독자투고란에 게재된 답은 "그렇단다, 버지니아!" 였다. 영향력있는 신문이 산타의 실존을 증언한 셈이다. 해마다 이맘때쯤 틀림없이 재방송되는 명화 '34가의 기적' 도 산타클로스의 실존을 믿는 어린이들과 이를 부정하는 어른들의 대결을 그리고 있다.

인간은 부족하다. 따라서 산타에 대한 흠모는 어린이들만이 아니라 노인과 헐벗은 사람들도 마찬가지다. 인색하지 않은 넉넉한 이웃과 눈물을 닦아주는 친구는 누구에게나 필요하다. 이웃은 사촌보다 가깝다고 하지 않는가! 필자의 반평생 지기인 김기수 목사(한국 기독교 총연합회 대표회장)는 "소외된 이웃을 얼싸안고 형제의 우애를 나누는 성탄절을 보낼 것" 을 당부하는 카드를 보내왔다.

나누는 미덕은 원시시대부터 전해온 전통이다. 가진 사람에게는 지혜를, 없는 사람에게는 물질의 풍요로움을 바라고 싶다.

돈과 지위는 인간미의 요건이 될 수 없다. 성경도 '주는 사람에 복이 있다' 고 가르치고 있다.

축 결혼

오랫동안 미국에서 살면서 미국문화와 한국문화의 경계를 수없이 넘나든다. 특히 결혼식장에 갈 때 두 나라 문화의 상이점을 실감한다. 직장동료(또는 그 자녀들)의 결혼식장에 갈 때와 한인친지 자녀의 결혼식장에 참석할 때는 준비자세부터 다르다. 전자의 경우 간단한 선물로 족하고 빈손도 결례가 되지 않지만 후자의 경우는 축의금 봉투를 반드시 챙겨야만 식장 입구에 버티고선 '접수대'를 지날 때 손이 부끄럽지 않다.

이민 연조가 길어지면서 한인들의 결혼식과 장례식은 거의 100% 미국화 됐다. 그러나 표면적인 절차만 그럴 뿐 경조비 문화는 한국과 매한가지다. LA의 한인사회의 한 결혼식장에 참석한 미국인이 축의금 봉투를 내밀더라는 얘기를 친지로부터 전해듣고 박장대소한 적이 있다. 미국인이 오히려 한국화 될 정도로 우리의 부조금 문화는 요지부동이다.

유신체제가 절정에 달했던 70년대 후반, 한국에서는 결혼 청첩장과 신문 부고가 법으로 금지된 일이 있었다. 허례허식에 치우친 관혼상제의 경조비 폐습을 발본색원함으로써 국가적 낭비를 줄인다는 것이 당시 군사정부의 취지였다. 서슬 퍼런 유신정권도 경조비 자체를 문제 삼을 수는 없었다. 부조행위는 본래 자발적 상부상조의 미풍양속이었기 때문이다.

그러나 청첩장의 불법화로 경조비를 없앨 수 있다는 군사정권의 발상은 너무나 군인답게 단순했다. 청첩장 인쇄가 법으로 금지되자 여러 명의 필경사를 고용한 뒤 일일이 문안편지 형식으로 써서 친지들에게 배포하는 신랑신부들이 속출했다. 자고로 청첩장을 받는 사람들은 신랑신부가 아닌 그들 부모의 이름을 보고서야 누구 결혼식이라는 알게 마련이었고, 그래서 청첩장은 '(세금고지서)' 라는 불명예스런 별명을 얻게 됐다.

한국에선 경조비에서 한걸음 더 나아가 촌지나 금일봉 따위의 '눈먼 돈' 도 상당히 많이 유통된다. 흔히 봉투에 넣어서 주는 이런 돈은 한국인의 사회생활과 대인관계에 윤활유 같은 역할을 한다. 이런 일에 익숙한 사람은 '인사성 밝은 사람' 이라는 칭송을 듣는 반면 서툴면 '체면없는 사람' 이라는 낙인이 찍히기 쉽다.

한인사회에서 경조비가 성행되고 있는 것도 다분히 한국인의 체질화된 체면문화 때문이라고 할수 있다. 메일맨(우편 배달원)과 가비지맨(쓰레기 청소원) 에게 연말연시에 꼬박꼬박 봉투를 전하는 것까지는 좋았는 데 자녀의 담임 선생님과 심지어 운전

면허 시험관에게까지 봉투를 건냈다가 망신당한 한인이 있다는 얘기도 들었다.

한국에서처럼 눈먼 돈이 흔한 것도 아니고 매월 각종 페이먼트의 압력에 쫓기며 시간시간 일에 매달려야 하는 이민사회의 한인들에겐 경조비는 차치하고 결혼식이나 장례식에 참석한다는 것 자체가 부담이다. 미국인들은 경조비의 개념이 없다. 친지의 결혼식엔 간단한 선물을 들고 갈 뿐 현금 봉투를 건네는 일은, 필자가 아는 한, 결코 없다.

결혼시즌인 6월들어 필자는 고지서를 이미 두장 받았다. 요즘은 경조비도 인플레 돼서 100달러 아니면 200달러가 보통이다. 적지 않은 부담인 줄 뻔히 알면서도 어쩔수 없이 봉투를 준비하며 불치병 같은 체면문화의 지독한 중독성을 새삼 실감한다.

필자가 지난해 주례를 섰던 신혼 커플을 며칠전 불러내 함께 저녁을 들며 1년간의 신혼살림 얘기를 들었다. 여전히 부지런하고 검소하게 생활하고 있었다. 이들은 청첩장을 자기들 친구 위주로 소량만 돌렸고 피로연의 테이블도 친구들을 앞쪽에, 부모와 어른 친지들은 뒤쪽에 배치하는 등 한국식과는 판이하게 치렀다. 필자를 비롯한 기성세대에게 '결혼식은 당사자의 잔치이지, 부모들이 세 과시하는 곳이 아님' 을 일깨워 준 현장교육이었다.

신성동맹의 속성

열강들의 동맹체제는 한 가지 절대적 요건 앞에서 이루어진다. 국정운영이 위험수위에 달하고 존망까지도 예측불허일 때 상호 국익의 협상(타협)이 체결되어 왔다. 궁핍한 개인 신세가 막다른 골목에서 이웃을 찾는 것과 흡사하다.

오늘의 한국정세도 엇비슷한 점이 보인다. 국가가 변화와 개혁의 기포성, 지도력의 부족으로 허둥댄다. 새 시대를 향한 전환기의 분수령처럼 활화산의 천둥소리와 지각변동의 조짐이 있다.

노무현 대통령은 제17대 국회연설(6월 7일)에서 "지금 이 시기에 가장 중요한 위기관리는 과장된 위기론을 잠재우는 것이다."고 했다. 여운은 마치 협박과 억압에 가까운 절규로 반영되었다. 단독 영수회담으로 야당과의 조율도 시도했다.

극단적인 발언이 힘없이 무산된 역사적 사건들은 흔하다. 불란서의 경우 신성 로마제국의 황제칭호를 빼앗아 황제에 오른 나폴레옹 1세(1769~1821년)가 했다는 "내 사전에 (결코) 불가능이란 없다"라는 말은 원래 "불가능이란 말은 프랑스에 어울리지 않는다"가 와전된 것이라고 한다. 한편 루이 14세(1638~1715년)가 "짐은 곧 국가다"도 "나는 죽는다, 하지만 국가는 영원히 존속될 것이다"였다는 사실이 문서로 확인되었다. 국정운영은 개인의 의지나 코드로만 맞추어 짜깁기가 되지 않는 실체임을 루이 14세나 나폴레옹 1세는 그 옛날에 실감했던 것 같다.

불란서 통치자들의 공통점은 자신의 위대성이나 치적을 내세우기보다는 국가와 국민의 저력을 믿고자 했다. 자신들이 죽고 나서도(하야해도) 국가는 위기와 역경을 극복해서 영원하기를 염원했던 것이다.

파리 시민들이 바스티유 감옥을 습격하여 점화된 프랑스 혁명이 군주제의 철폐로 귀결(1789년 7월 14일)되고, 새로운 공화국이 수립(1792년 9월 22일)됐다. 이것이 프랑스 역사의 제1공화국이며 국왕 루이 16세는 그 이듬해 1월에 처형됐다. 역사의 소용돌이 속에 지금은 제 7공화국에 이른다.

신성동맹은 1815년 9월 26일에 체결된 역사적 사건이다. 나폴레옹의 몰락 후 러시아 황제 알렉산드르 1세와 오스트리아 황제 프란츠 요세프 1세, 프로이센 왕 프리드리히 빌헬름 3세가 파리서 동맹에 찬성한 것이다. 이 목적은 "각국의 군주가 성서를 바탕으로 형제처럼 서로 돕고, 자신들의 신민을 집안의 아버지로서 지도하며, 신앙 · 평화 및 정의를 옹호한다."는 것이다. 애매한 말장난에 가까웠다.

이 동맹도 10년이 못 가서 사라졌다. 미 · 영 신생 공화국들로 와해된 것이다. 역사는 그 본래의 실패요인이 처음부터 러시아와 오스트리아의 외무장관들에 의해 매도당했던 사건이라고 전한다.

현대판 국제 '거래' 가 북경에서 진행됐다. 6자회담이 '핵 공감' 에 못이기는 척 하면서 각축과 협상을 벌였다. 각 나라의 국익과 타산이 선명하게 달랐다. 무지개 색깔과 같다. 한국의 반미감정 후유증은 혁명시대를 살았다는 386세대가 걸머질 조짐이어서 안타깝다. 핵 군비경쟁의 늪에 빠져드는 듯한 조짐이 섬뜩하게 국운을 흔들고 있다. '공갈의 균형' 이 없으니 물리적으로 피해대상이지 않을 수 없다.

투철한 현실인식과 문제해결책은 역사의 교훈에서 찾아볼 필요가 있다. 동맹을 서둔 프랑스는 절대군주였던 나폴레옹이라도 있었지만, 북한은 시험해보지도 못한 핵탄두를 옹고집 하니 녹슨 칼이 얼마나 효험이 있을까.

위기를 영어로는 'Crisis' 로 쓰지만 '나누다', '구분하다' 라는 뜻이 있다. 회담 중에 통일경비와 재정지출에 대한 이슈는 책임분담에 미흡한 점이 많다. 지역평화유지가 세력균형으로 어떻게 성사될지도 미지수다.

외교적인 걸작품으로 아무리 훌륭한 협약, 동맹서약을 해도 진실이 결여된 약속은 슈퍼파워에 무릎을 꿇고 만 역사들이 있다. 역사는 그래서 내일의 지침이라고 말한다. 한반도를 중심으로 한 '동맹의 속성' 은 초점(진실)을 잃어가고 있지 않은가.

제 3 장

조지 워싱턴

조지 워싱턴

정직만큼 확실한 투자는 없다. 조직사회의 카리스마는 숭고한 감동의 소산이다. 훈장이나 상은 자연이 따라오는 것이다.

미국 정치지도자 중 가장 존경받는 초대 대통령 조지 워싱턴은 국부로까지 존경을 받고 있다. 그는 이곳에서 독학으로 토지 측량관이 되었으며 강한 집념으로 야망을 불태운 청년이었다. 그의 전기에 신념과 노력에 성정이 착한 카리스마적 청년이었다고 기술하고 있다.

마침내 워싱턴은 버지니아 대표로 1774년과 그 이듬해 대륙회의에 참가했고 이 회의에서 영국에 대한 무력항쟁이 결정된 뒤 독립혁명군 총사령관에 임명됐다. 이 대륙회의란 식민지 최고의결기구로 초기 13개 주의 군사 외교 경제권을 수행한 지도력을 일컬으며 영국 의회가 제정한 '참을 수 없는' 반역행위였다. 이 결정은 미국 독립전쟁의 도화선이 되었다.

워싱턴의 군사적 승리는 요크타운에서의 접전(1781년)으로 영국 본국 군을 포위하고 프랑스 함대의 영국 함대 격파로 결정적인 피해를 입힌 것이다. 그의 집념과 독립정신이 인정을 받아 워싱턴은 미국의 초대 대통령에 당선(1789년)됐다. 재임 중에 프랑스와 영국의 전쟁(1793년)에 중립을 선언하여 유럽 분쟁에 미국이 개입하지 않는다는 고립주의 외교정책을 수립했다. 워싱턴은 3선 대통령으로 추대(1796년)되었으나, "민주주의의 전통을 바로 세워야 한다"는 이유로 강력히 고사했다.

워싱턴의 겸허한 사양과 양보는 국민의 열망 속에 신흥 독립국가의 자존심이 되었다. 그는 미국 독립정신의 전설적인 미덕을 남겼다. 카리스마는 남(백성)의 마음을 끌어 잡는 힘이며, 신뢰로 이루어진다. 이것은 문제 속에 뛰어들어서 해결책을 강구하지만 지도자는 문제의 변두리만 맴돌아서는 안 된다. 워싱턴은 '확실한 판단+강한 추진력+희생정신(애국심)'으로 돈독한 카리스마적 대통령이 된 것이다.

애국심과 설득력에도 정도가 있고 국민을 위한 정부는 민초들을 향한 선별력이 뒤따라야 한다. 조지 W. 부시 대통령은 "이라크에 대한 군사공격이 시작됐다"고 선언(2003년 3월 19일 밤)하고 "전쟁을 승리로 이끌 것이다"고 다짐했다. 그 결과는 현재 2,100여 장병들의 전사와 파괴로 인기하락(37%)이 수렁에서 헤어나지 못하고 있다.

한편 노무현 대통령의 불투명한 비전과 국정기강의 부재와 나약한 고백 등으로 나라는 표류하고 있다. 국제적인 신뢰도, 도덕성 결함으로 민생고는 손도 못 대고 있다. 청와대가 과시하는 '노무현 독트린'(2005년 3월 발표)은 주한미군의 전략적인 유연성을 반대하면서 동북아시아 분쟁에 휘말리지 않겠다는 입장이다. 부산 APEC 회담의 성명(2005년 11월 16일)과는 상반되는 주장이 되고 말았다.

대통령은 국가의 행정부 수반이며 정치인이요, 군 통수권자이다. 나라 제1의 외교관, 판매원, 교육자, 그리고 재앙피해자들의 국목(國牧)이기도 하다. 성공한 지도자의 길은 "겸손한 덕행으로 백성을 잘 살게 하는 것"이라고 레오 톨스토이가 지적했다. "못해 먹겠다", "대통령직에 연연하지 않겠다", "불법자금이 야당의 10분의 1을 넘으면 물러난다"는 등의 표현은 지도자는 커녕 시정잡배에게나 걸맞을지 모른다.

워싱턴의 강직한 외길 인생을 초심부터 배워볼 만하다. 그의 올곧은 민주정신은 3선을 거부하는 겸양이었다. '숟가락 놓을 때'를 알아 챙기는 권력의 용단이 자랑스럽다. 미국 건국의 아버지로 불리는 워싱턴이 67세로 작고한 1799년 12월 14일을 숙연하게 기념하고 있다. 진솔한 마음으로 옷깃을 여미는 민초들의 카리스마는 영원한 횃불같이 불타오르고 있다. 그의 영웅적인 지도력은 전설적이다. 벌써 206년 전의 일이다. 무게 있는 삶의 자세가 부럽기만 하다.

대통령 후보 경선

미 대통령 후보 경선의 분수령이 다가서고 있다. 본선을 향한 양당의 대의원 확보 경쟁이 DC 지역서 윤곽을 드러내게 됐다. 뉴욕타임스는 예비선거(프라이머리)와 당원대회(코커스) 결과 힐러리와 오바마 후보들의 경합은 민주당의 '수퍼 대의원'까지 동원하게 되고, 그 결과는 불분명하다고 지적했다.

민주, 공화 양당의 대선주자는 벌써 러닝메이트 후보군을 압축하고 나섰다. 오바마는 상원 진출에 도움 받은 톰 데슬과 팀 케인 현 버지니아 주지사를 거명하고 나섰으며, 힐러리는 알칸소 주의 웨슬리 크릭이나 히스패닉 표를 의식한 빌 리처드슨 뉴 멕시코 주지사를, 공화당의 맥케인은 침례교 목사인 마이크 허커비와 미네소타 주의 재선 주지사 팀 플렌티를 검토 중이다.

대선 후보 확정은 숫자 싸움이다. 선거 전략은 1조 달러에 달하는 자금 지원뿐만 아니라 대의원 수의 확보, 총선 투표율을 묵과할 수 없다. 공화당의 맥케인은 46%로 독주하고 있으며, 민주당은 치열한 경쟁 속에서도 오바마의 역전(48%)이 성공적일 것으로 전망하고 있다.

CBS TV의 '60분' 프로그램(10일)은 하루에 100만 불씩 들어오는 선거 후원금과 700여 명의 선거운동원으로 워싱턴 주 등서 1,096명 대의원(총 4,049명)을 확보한 오바마를 승자로 암시했다. 오히려 힐러리는 대선 사무장을 전격 해고했으며 대의원 1,111명을 확보했으나 불안한 위협을 드러내는 모습을 보였다.

오바마의 '검은 돌풍'은 '검은 JFK'로 지지 세력을 구축하면서 케네디의 젊은 열정을 상기시키고 있다. 세계적 관심 속에 일본의 마이니치 신문은 사설에서 "미국 건국 이후 처음으로 백인 남성이 돼야 한다는 관념이 깨지고 있다"고 진단했다. 오바마의 선거자금도 720만불(2008년 2월 5일 현재)로 힐러리의 640만불보다 많은 금액이 온라인으로 65만여 명의 서민층에서 모여지고 있다. 힐러리는 이권로비단체나 회사 측의 지원들이 한계 액수에 달해 고갈될 전망이다. 지난주에는 500만 달러를 융자해야 했다.

반복되는 맞장 토론에서 두 사람은 선거공약도 별다른 차이를 보이지 않았고, 결승판이 이곳 버지니아와 메릴랜드에서 금명간 밝혀질 조짐이다. 미국 최초 흑인 대통령이나 여성 대통령의 상징적 가치관은 본선서 최대 강점인 동시에 약점도 될 수 있는 변수가 된다. 공화당 집권 연장에 부담스런 이슈는 젊은 세대의 열광으로 오바마에 기대하는 민감한 표심의 변화이다.

맥케인 공화당 후보는 '컴백 키드'(돌아온 아이)로 지난 2000년 대선 도전의 예비경선서 현 대통령인 조지 W. 부시 후보에게 패배한 지 8년 만에 대선 본선에 다가서고 있다. 그는 72세에 대선 승리를 하면 미 역사상 최고령을 기록하게 된다. 맥케인은 "당의 단합만 보장되면 어느 민주당 후보라도 이겨낼 수 있다"고 장담을 하고 있다. 공화당 내부의 핵심 보수층들은 세금과 이민정책에 대한 공화당의 전통적인 입장을 따르지 않았던 맥케인에게 불안을 감추지 못한다.

제44대 대통령은 히스패닉과 흑백 표심으로 그 변수가 결정될 것이다. 한인 투표율이 미 합중국 발전에 두드러질 기회가 될 전망이다. 한인 정치력 신장은 결국 우리들의 실익이 되고 전체적인 국익도모가 아니겠는가. 대선 후보의 지명전부터 한인의 관심을 밝혀야 대접도 받을 수 있다. 북한 속담에 "눈물은 내려가도 숟가락은 올라간다"고 했다.

교육과 아시아계 표심

대선 후보 지명을 앞두고 아시아계 미국인의 표심이 결정적 변수로 주목받고 있다. 이유는 교육이다.

아시아계는 급격한 인구 증가 속도로 현재 미국 내 총인구의 5%인 1,400만 명에 달한다. 이 중 유권자 수는 약 700만 명으로 최소한 350만 명의 유권자가 등록하고 있다. 현재 추세면 2050년에는 4,100만 명이 될 것이라는 추산이다.

민주당의 예비후보인 '오바마 돌풍'은 힐러리의 지지표를 뒤엎을 기세다. 캘리포니아의 경선 결과 아시아계의 지지도는 힐러리 75%, 오바마 33%였다. 이들의 표심 변화가 이미 일어난 것이다. 오바마는 자신이 인도네시아에서 자랐으며 이복동생이 인도네시아계라는 점을 강조하고 한인의 표심을 사로잡기 위해

'한글 홈페이지'를 제공하는 한편 북핵 해결책에 대한 입장 표명도 서슴지 않았다.

한인들 생각에 오바마는 누구일까. 오바마는 어머니 앤 던햄과 18세(1959년)에 아프리카 케냐에서 온 하와이 대학교 유학생 사이의 장남으로 태어났다. 두 살 되던 해에 아버지는 하버드 대학의 경제학과로 전학한 뒤 케냐로 귀국하고 말았다. 10살 때 마지막으로 아버지를 찾아간 적이 있고, 캔사스 주에서 온 조부모 밑에서 자랐다. 어머니는 여섯 살 때 다시 인도네시아 사업가와 재혼했으며, 자카르타로 이사하여 4년간 살다가 하와이로 옮겨왔다.

소년시절에 인격적 영향을 가장 많이 받은 조부모는 보험회사와 은행 직원이었다. 항상 교육을 강조한 가정이었다. 교육은 시립 초등학교를 다녔고 LA의 옥시덴탈 대학에 다니다가 뉴욕시의 컬럼비아 대학을 25세에 졸업했다. 정치로 나서기 전에는 뉴욕시의 할렘에서 재활용 수거 잡일, 비영리단체 활동, 무역상 근무 등의 힘든 일을 하다가 시카고로 옮겼다. 남부 지역의 빈민퇴치운동으로 종교단체협의회에서 급진적 사회혁명 대열에 참가했다. 마침내 다시 결심하고 하버드 대학교 법학과로 진학하여 인권변호사가 됐다. 이 무렵에 케냐 벌판에 놓인 아버지 무덤을 찾아 비통함을 체험했다고 한다.

오바마는 가정교육으로 학업에 정진한 청년이었고 빈곤퇴치 운동에 열정적이었다. 교육이 힘이 되었던 것이다. 그의 선풍적인 유세활동은 미남으로, 부드러운 인상에, 이성적인 연설, 흑인 혼혈아, 해결사로 인정을 받고 있다. 그는 열광적으로 젊은 Y세대의 지지, 백인여성 표, 중산층 후원, 소수계의 성원으로 승승

장구하고 있다. 한편 그가 체험한 마약과 대마초 사용에 대한 의혹은 해명되지 않고 있다.

오바마 돌풍은 혁명적 도전 의욕을 심어주고 있다. '개천에서 용 나기' 힘든 미국 사회지만 가난을 이기고 학업에 정진한 노력의 대가와 인정을 받은 것이다. 그의 인기와 성공은 미국 정치 역사에서 8명의 대통령을 낸 버지니아 주에서부터 시작된 것이다. "신대륙의 먼 바닷길을 달려온 사람들이 품었던 희망을 이루고, 이어서 이 희망으로 현실의 변화를 가져 오는 힘을 만들어 우리는 미국 역사에 새로운 장을 열고 역사를 새로 쓸 수 있다"는 메릴랜드의 연설은 감동적이었다.

힐러리의 패인은 무엇일까. 유권자들 앞에서 흘린 두 번의 눈물은 한 번은 약이었으나 두 번째는 독으로 분석된다. 유권자는 후보의 인격, 결단, 도덕성을 중요시한다. 자신의 야심에만 허우적대다가 사람을 움직이는 진심이나 감동을 상실했다는 지탄을 면치 못하고 있다. 전직 대통령의 비도덕적 행위에 맞서지 못하고 안일한 대처로 전체 여성의 수모와 혐오를 야기했다. 기성세대의 묵은 냄새로 '기술만 익힌 정치인'이 되어 비전이나 영감이 부족하고 마침내는 남편 대통령에 의존하고자 하는 허약함을 드러내 여권신장에 흠집을 냈다는 비판이 높다.

공화당 후보는 맥케인이 '사실상 확정' 단계에 오르고 있다. 그러나 백악관 입성에는 고민이 깊다. 9년 전 혼외정사건, 모금난, 조지 부시 현 대통령의 공식지지에 대해 불안감을 금치 못하고 있다.

한인 파워는 참여 부족으로 고립되고 있다. 한인 시민권자들의 투표율은 아직도 먼 길이다. 매년 약 2만 명이 시민권을 취득하고 유권자 등록들도 50%에 달하지만 실제 투표는 15%에 미치지 못한다.

선거에 앞장서자. 영 파워는 교육이다. 후세를 교육을 잘 키우자. 우리들 Y 세대에서 노벨상 수상자와 대통령 후보가 나오는 그날이 오고 있다.

버지니아 텍 비극

한인이 교실에서 총질을 했다. 전국에서 7일간 조기를 게양하고 학교는 5일간 휴교를 선언했다. 조지 부시 대통령은 조사에서 "악마는 포기하지 않고 집요하다. 전 미국은 여러분의 비통한 심정에 위로가 있기를 바란다"고 호소했다.

교내 총기난사 참극은 버지니아 텍에서 16일 아침에 발생했다. 조승희(23세)는 학우와 교수 32명을 사살하고, 29명의 부상자를 냈다. 그는 초등학교(8세) 때 이민 와서 15년의 미국생활을 자살로 마감했다.

현재 부모들은 수사관의 심문을 받고 있다. 센터빌에서 세탁업을 하는 그들은 교회에 나간다고 알려졌다. 자녀들을 앞세우고 이민 오는 것은 희망찬 장래와 축복받은 생활을 즐기는데 목적이 있다.

미국의 대학은 청교도들의 꿈이고 목적이었다. 그들은 나라를 세우기 전에 학교를 우선적으로 세웠다. 하버드 대학 등을 1636년에 창립하였고 독립은 140년 뒤인 1776년에 선포했다. 조지타운이나 존스 홉킨스, 버지니아 텍 등은 워싱턴 DC에서 멀지 않은 곳에 위치한 매력적인 캠퍼스들이다. 세계 대학들 중에서 상위권에 속하는 예일, 스탠퍼드, MIT, 프린스턴 등은 다 미국의 독점이 되었다.

한국 학생들이 홍수같이 몰려오고 있다. 초등학교에서 대학원까지, 그리고 어학연수나 견습생, 연구원으로 한국 유학생 수는 미국에서 1위를 차지하고 있다. 조기 유학과 영어 교육, 그리고 학비 절약과 취업기회를 얻기 위해 한 달에 수 백 명이 입국하고 있다.

열악한 교육환경과 제도적 모순에, 한심한 교육비 상승으로 '탈출 한국' 현상이 초래되고 있다. 국민의 여망은 나라 살리는 교육운동의 확산을 절규한다. 한국의 대학 가운데 25%가 2009년이면 문을 닫을 것이며 입학 정원도 15% 감축할 것이라고 한다. 뿌리까지 썩어가는 교육현장의 비리 등에 도피 구실을 찾지 않을 수 없는 형편이다.

한국의 교육수준이 열악하니 미국에 도피하지 않을 수 없는 현실이 되었다. 마침내는 교육의 정상화가 염원이나 '공염불'이 되고 만다. 한국의 교육이 죽어야 나라가 살 수 있다는 말이 나오고 있는 판이다.

결국 단단한 각오나 준비 없는 청소년들이 미국에 오고부터 보는 것이다. 무엇 때문에, 왜, 뭘 해야 하는가 하는 인간적인 목표나 결심도 없이 '환경' 좋은 미국에 오니 머리가 돌아버리는 경우가 생기는 것이다. 뼈 깎는 교육의 이상이나 계획이 없는 상태에서 자유분방한 교실로 달려간다. 부모와는 대화도 단절된 비극의 종말은 자살에까지 이른다. 인성 교육이 없는 지식은 고민만 가중시키는 것이다.

미국은 이 사건을 통탄하고 있다. 한인사회는 가라앉아 있다. 한인학생의 우발적인 총질에 저지르지도 않은 죄책감을 안고 암울한 것이다. 한심한 것은 조승희 군의 소외된 15년 미국생활에서 가정, 교회, 학교가 무관심했다는 것이다. 침울한 번민에 사로 잡혀 권총을 사고, 편지 써놓을 때까지 100여 일은 '외로웠다' 는 것이다. 무관심하고 버려진 인생은 그 종말이 비극이지 않을 수 없었다. 교회도 많건만 믿음, 소망, 사랑은 고갈되어 흔적조차 찾아 볼 수 없고, 가정에 넘쳐야 할 온기나 인 · 의 · 예 · 지도 보이지 않는다. 친구나 학교마저 인간관계에 인색하여 대학 4년 동안 'Who is he?' 라니 안타까운 심정이다.

한인사회에는 이런 'loner' (고독한 인간)가 하나뿐일까. 도시 속의 고독으로 몸부림치는 청소년, 노인, 남, 녀, 별거인들의 검은 파도는 집요하게 엄습해오고 있다. 상처의 골도 깊어져간다.

한미 지역사회의 불신은 회복되어야 한다. 한인의 테러리스트로 돌변할 듯한 의심이나 인상(image)은 바람직하지 않다. 취업이나 입학원서 등을 검토할 때 신중을 요한다는 식이 되면 불길하다. 연방 정부는 한인도 테러 대상에서 예외일 수 없다는 심증을 굳히지 않기를 바란다. 한인의 입지가 미국 사회에서 검증단계에 오르는 일은 불미스럽다. 겸허한 사과로, 희생자들에 대한 성금으로 체면이라도 구제할 수 없을까. 쥐구멍이라도 찾고 싶은 우리들 마음이니 말이다.

문제는 '총'이다

미국은 서부개척과 카우보이 문화로 총기사용을 배제할 수 없다. 사회질서, 정의, 인디언 침공에 대한 보호의 역사가 총기를 생필품의 하나로 만들었다. 버지니아 텍 참사에 미국 사회가 경악했다. 뉴욕 타임스(4월 19일자)는 총기 규제에 법질서가 느슨했다고 지적했다. 다음날 워싱턴 포스트 사설은 버지니아 주는 비극적인 오산으로 "정신박약자라도 총기구입이 가능해 대량학살의 원인제공 책임까지 지게 됐다"고 지적했다.

미국의 수정헌법 제 2조는 시민의 보호와 총기소유를 보장하고 있다. 미국은 무기에 대한 애착이 특별하다. 세계 무기산업의 발전, 군수산업의 연구개발, 서부개척정신의 옹호, 국제경찰국가의 위상, 사냥과 스포츠 활동 등이 매개물이 되어 왔다. 방아쇠를 언제라도 당길 수 있는 사회다.

총기문화의 보급은 전국총기협회(NRA)가 선봉이 되어 영향력을 행사하고 있다. 총기협회의 헌법 보호 운동에는 1871년부터 전 군, 경찰, 법집행관과 시민들이 회원으로 가담하고 있다. 막강한 회원 수에 재정과 입법, 사법, 행정에 대한 영향력은 다수 시민의 의견도 누를 정도다. 회원이 되면 보험금으로 1,000달러를 받고, 사고 사망 때는 5,000달러를 지불하고, 법집행관들에게 2만 5,000달러를 지불하며, 평생회원에게는 보험금이 1만 달러에 달하며, 청소년 교육과 잡지보급 등 혜택을 주고 있다.

21세 이상의 미국 시민은 총기를 구입할 수 있다. 각 주마다 총기허가법이 다양하다. 워싱턴 DC는 권총의 구매허가, 무기등록, 소유자면허, 착용허가 등을 필수조건으로 하고 있으나 버지니아는 아무 제한이 없고 착용허가만 요구하고 있다. 메릴랜드는 권총의 무기등록과 착용허가를 필요로 한다. 캘리포니아는 권총에 한해서 무기등록과 착용허가를 신청해야 한다. 뉴욕 주도 워싱턴 DC와 같이 필수조건이 많다. 하지만 뉴저지는 무기등록을 요구하지 않고 있다.

조성희 군은 반자동 권총 두 자루로 대량 살상을 저질렀다. 그의 권총은 3초에 10발을 쏠 수 있다. 매년 총기 사고는 수 만 건에 달하고 그 중 자살하는 사람만도 2만 2,000명(2004년)이 된다.

하버드 대학 공중보건 연구팀의 발표(2007년 4월 10일)에서 매튜 밀러 교수는 '총을 많이 갖고 있을수록 자살률이 높았다'며 "미국에서는 세 집 가운데 한 집 꼴로 총을 갖고 있고, 자살 건수 가운데 총기를 이용한 것이 절반 이상"이라고 지적했다.

질병관리센터에 따르면 총기로 인한 자살이 전체 사망 원인 가운데 11번째에 해당한다. 미국 전체 자살 건수 가운데 약물로 시도하는 비율이 75%로 높지만 실제 사망률은 3% 미만인데 반해, 자살기도 가운데 5%만이 총을 사용하지만 이들의 사망률은 90%에 이른다.

특히 젊은이들이 살고 있는 집에서 총을 없애면 자살건수가 크게 낮아질 것이라고 이 연구는 지적했다. 하버드대 발표에서 총기소지가 비교적 자유로운 미국과 스위스의 총기관련 자살건수가 전 세계에서 가장 높은 것으로 나타났다.

한편 지난 3월에 워싱턴 DC 순회항소법원은 시당국이 수십년간 주민들의 권총소지를 금지해온 것은 헌법에 보장된 개인의 총기소지 권리를 위반하는 것이라고 판결했고, 이에 워싱턴 DC 당국은 재심을 요청해 계류 중이다. 버지니아 주 상원 법사위에도 두 달 전 탁아소에서의 총기휴대 금지 법안이 올라갔으나 조용히 사장되고 말았다.

총기규제는 정치적인 이슈이고 선거 전략의 하나이고 보니 사고가 잦은 것이다. 전국적인 일관된 법적 절차가 필요하며 주법에 따라 우왕좌왕 할 수는 없는 것이다. NRA 같은 로비 그룹의 독식은 시민의 권익보호라고 볼 수 없는 현실이다. 테러공격에 긴장하고 있는데도 집단이익이 얼마나 수호될 수 있을까. 총은 칼이 아니다.

꽃바구니가 놓인 가해자 앞에서 사회도 반성해야 할 허점이 있다. 총을 규제하고, '말'로 해결을 볼 수 있는 대학가의 분위기가 절실하다. 말이 통하고 생각할 수 있는 지성인의 신사도를 보고 싶어진다. 총소리는 해답이 될 수 없다.

메이 데이

노동은 신의 축복이며 생명이라고 한다. 사람의 땀은 신성하고 행복의 열쇠가 된다. 인권과 정의를 울부짖는 근로자의 날은 피와 눈물로 얼룩진 절규였다. 지구촌의 여러 나라는 5월의 첫날을 메이 데이나 노동절로 기념하고 있다.

미국은 테러단의 침투정보, 군중데모, 스트라이크 계획으로 긴장되고 있다. 데모와 테러단들의 활동으로 경찰력이 뉴욕, 로스앤젤레스, 워싱턴 DC 등지에서 총출동하고 있다. 특별히 복지향상과 인권을 옹호하는 워싱턴 DC에서는 이민정책 개정, 신체장애인들의 취업문제, 불법체류자 1,300만 명의 사면, 여성고용증진과 대우 개선, 중동전쟁 반대, 부시 탄핵안, 환경개선, 무주택자 권리옹호 등 군중시위가 보도되고 있다.

각양각색의 반정부 데모는 세계 방방곡곡에서 이 메이 데이를 기점으로 레닌그라드, 북경, 런던, 파리, 남미와 아프리카 등지에서 단식투쟁으로 반인종차별운동, 빈곤과 노임 분쟁, 남미의 자유무역협정(FTA) 반대, 종교적 자살 데모, 미성년 아동들의 노동착취들로 반란과 변혁에 대한 긴장감이 고조되고 있다.

유럽의 메이 데이는 19세기부터 축제분위기로 잔칫날과 같다. 평등과 자유를 인정받고 쟁취한 민초들의 축제였다. 공정한 임금과 성실한 '땀의 가치'가 인간의 존엄성으로 승화된 것이다.

근로자의 날은 기술공과 고급인력, 그리고 남과 여의 평등을 위한 화합 차원의 뜻이 깊다. 이 노동의 신성관은 경제, 정치, 종교, 산업, 문화, 예술, 과학 등에까지 폭넓은 영향을 미친 것이 사실이다. 인간개발에 대한 부단한 투쟁과 반란으로 '삶의 가치'에 변혁을 지속해왔다. 메이데이는 명실 공히 지구촌 축제로 기념이 되고 있으나 한편 검은 구름 같은 산업발달의 희생물이 되었다.

근로자들의 노동혁명은 1,000년 전 로마제국의 동굴에서도 흔적을 찾아볼 수 있다. 왕권주의와 군주정치 과정에서 빚어진 인간착취에서 자행된 노동해방운동이다. 종교와 윤리는 생명과 노동력에 깊은 관심을 가져왔다. 석가모니도 인간의 고통과 번민, 아브라함의 낙농과 순종, 모세의 천기, 마호멧의 경배와 희생정신, 공자의 충효정신 등이다. 정치철학에서도 아리스토틀과 프라토의 민중정치론 등 자본주의와 공산주의들도 노동자와 농민의 권리를 보장하기에 주력했다. 칼 맑스와 엥겔스, 레닌, 트로츠키, 스탈린, 모택동, 호치민도 메이 데이의 꿈과 승리를 외쳤다. 산업혁명이 태동하던 독일(1461년), 영국(1700년), 프랑스

(1889년)는 근로자 조건 개선과 기계장비에 대한 반란을 저지할 수 없었다.

미국 의회는 메이 데이를 1884년 10월 7일에 제정했다. 이 결정에는 미국도 많은 대가를 치렀다. 노동조건(1806년)이 20시간 근무제로 '아침 동틀 때부터 해질 때까지'에서 개선되었으며 나중에 필라델피아의 10시간제로 재조정되었다. 뉴욕시의 노동자 데모(1834년) 뒤에 시카고에서 8시간 노동제를 요구하는 대규모 노동자 시위가 헤이마켓 광장에서 일어났다. 이때 경찰의 과격진압으로 6명이 사망하고 70명 이상이 부상을 당했다. 정치성이 짙은 시카고 재판은 8명 중에 4명을 사상불순분자로 사형에 처했으나 7년 뒤에 주지사가 순교자들로 사면을 공포했다. 메이 데이의 뜻도 May는 Maia, 곧 '죽음의 여신'에서 유래된 것이다.

워싱턴 DC에서 열린 제1회 국제노동회의(1919년)에서 일요일을 유급휴일로 하는 1주일 48시간 노동제가 조약형태로 국제적 인정을 받았다. 시카고의 헤이마켓 사건은 지구촌 인력관리와 노동자들의 권리옹호에 잣대가 된 것이다. 인터넷과 자동화의 진척으로 일자리가 줄어드는 아이러니가 반복되고 있다. 프랑스를 포함한 일부 유럽 국가들은 이미 35시간제를 정착시키고 있다.

"일하기 싫으면 먹지도 말라"(데살로니가후서 3장 10절)던 외침이 오히려 심각해지고 있다. 근로자의 권익은 새로운 돌파구가 필요하다는 '비장감'이 고조되고 있다. 메이 데이의 역사는 반발과 투쟁의 열기만을 충동시킨다. 행복은 열 손가락에서 보장되는데 말이다.

닉슨의 업적

통수권자들에 대한 불만이 고조되면서 탄핵안에 대한 도전이 여론화되고 있다. 반전운동가인 신디 시핸은 부시 대통령의 목장 앞의 땅을 5만 2,500달러에 구입하고 탄핵이나 사임이 이루어질 때까지 투쟁할 것이라고 워싱턴 포스트(7월 28일)가 보도했다. 언론은 부시와 노무현에 대한 탄핵 가능성을 민감하게 다루고 있다.

대통령 탄핵으로 세상을 놀라게 한 닉슨은 중국 경제발전에 도화선이 되었고 오늘의 기적을 낳았다. "결국 그는 정직했다. 명예를 지킨 지도자였다"고 언론은 평한다.

미 합중국 역사상 처음으로 현직 대통령에 대한 탄핵이 32년 전 8월 9일 아침 11시에 생겼다. 주인공은 제37대 대통령 리처드 M. 닉슨이었다. 그는 연방 하원 법사위원회에서 탄핵결의안이 가결된(3월 1일) 직후에 포드 부통령에게 자신의 특사를 보장받고 사임 형식을 택했다. 백악관 공문서 용지에 "나는 사임한다"라고만 적었다. 미 국민 전체의 비통한 국치로 충격을 받은 날이다.

탄핵의 도화선은 도청사건이었다. 대통령 선거가 고조되면서 닉슨 측의 비밀공작원들이 워싱턴 DC의 워터게이트 빌딩에 있는 민주당 전국위원회 본부 사무실에 침입하여 도청장치를 설치하려 했다. 죄질로는 닉슨 정권의 선거방해, 불법 정치헌금, 수뢰, 탈세 등을 지적했다. 닉슨은 결백을 주장하면서 CIA에 지시하여 FBI 활동을 저지토록 사주했다. 그러나 백악관 연루, 보좌관들과 닉슨의 은폐활동이 수사관들에 포착되고 말았다.

최초의 대통령 탄핵결의와 사임은 미국 민주주의의 승리로 FBI의 직업정신과 삼권분립의 독립성으로 칭송을 받았다.

닉슨의 주요업적은 미국 대통령으로 처음 중국을 방문(1972년 2월 21일)한 일이다. 마오쩌뚱이 예측한대로 화해를 먼저 청한 것은 역시 미국이었다. 미국은 중 · 소 관계에 편승해 중국과 대화 채널을 만들 필요성을 인식했다. 중국도 미국과의 관계개선으로 소련과의 대등관계를 유지할 의지가 있었다.

미국 언론은 정치적인 국익을 성취하기 이전에 냉전해소책으로 민간외교인 '핑퐁' 교섭을 착수한 일을 높이 평가했다. 미국 탁구선수단이 중국을 방문(1971년 4월 10일) 하여 빙판길을 녹이는데 성공했다. 두 달 뒤인 6월 19일에 미국은 중국의 금수조치를 해제했고 그 다음달에 국가 안보보좌관 헨리 키신저의 극비리 중국방문으로 실무협상을 마쳤다.

닉슨 대통령은 이듬해 2월 21일에 전격적으로 북경을 방문해 상해 공동성명서를 발표했다. 첫째, 두 나라는 아시아 · 태평양 지역서 패권을 추구하지 않고, 둘째는 대만과 중국 문제는 외부의 간섭 없이 중국인 스스로 해결해야 하고, 대만은 중국의 한 부분임을 인정한다는 골자였다. 그러나 미국은 6년 후에야 대만과 국교를 단절하고 북경 정부와 수교(1979년 1월 1일)를 맺었다.

미중 외교정상화는 중국 시장경제의 도화선이 됐다. 한편으로는 공산주의 체제를 운영하면서 다른 한편은 자본주의 체제를 시도한 것이다. 지난 27년간 중국의 경제발전은 비약적이었고 세계적인 정치 경제의 지도력을 발휘하고 있다. 닉슨의 마오쩌뚱 방문과 악수는 세계사의 전환점이 된 것이다.

미국 상무부는 7월 26일 중국이 일본보다 더 큰 수입국이 되었다고 발표했다. 또 미국의 주요 수출대상국은 캐나다, 멕시코, 일본, 중국으로 그중 가장 급성장하고 있는 중국은 지난 6월에는 작년보다 19%가 증가해 66조 달러에 달했다. 중국은 세계에서 두 번째로 거대한 시장이 되었고 독일(2009년), 미국(2026년)을 능가하는 경제강국이 될 것이라고 발표되었다. 현재 중국은 13억 인구에 개인평균수입이 약 2,000달러에 달한다. 중국 시장경제의 성공은 닉슨의 상상도 초월한 기적이다.

탄핵을 당해 밀려난 닉슨은 세금보고를 속인 적이 있었고, 학생 때는 성적을 훔쳐보려고 듀크 법과대학 사무실에 침입했었다. 2년간 냉동 오렌지주스 회사에 근무했으나 망해버렸다. 닉슨은 가난한 가정에 태어났으며 아버지는 감리교인이었으나 그는 퀴커 성도였다. 교통사고와 폐렴으로 두 번이나 죽을 뻔했다.

때로는 신경쇠약 증세를 보였고, 연설 중에는 눈을 깜빡였고, 윗입술에 땀을 흘리는 증세에 간질병 예방약을 복용하기도 했다.

탄핵은 남의 일이 아니다. 민주국가의 자존심이다. 현재 한국 대통령의 지도력도 닉슨보다 경하다고 보기 어렵다. 모든 일에는 반드시 책임이 따른다.

평화와 자유를 보장받는 법치국

"법은 죄인에 대한 경고다. 그래서 사회는 강한 법을 필요로 한다"라고 에드가 후버 전 연방수사국(FBI) 국장이 말했다. 그는 미국에서 공산주의자들을 색출해내고 제거하며, 밀수, 범죄조직, 부패방지 등에 공로가 많았다. FBI(미 연방 수사국)는 7월 26일로 98회 창설기념일을 맞이한다.

국제적으로 가장 강력한 경찰력을 행사하는 이 연방정부기관은 '충성, 용기, 성실'을 목표로 연방규례 533장(CFR 533) 28조에 따라 법무성에 속해 있다. 독자적 예산 590억 달러를 집행하고 있으며 과학수사, 컴퓨터 범죄, 역정보 및 테러전에 추정예산 4억 2,500만 달러가 책정됐다. 공식적으로 해외대사관에서 법무관들로 활동하는 50여 곳과 국내의 56개 지부와 400여 곳의 상근 사무실을 운영하고 있으며 워싱턴 DC에 본부를 두고 있다. FBI 요원은 총 3만 306명에 달하며 동양계만도 1,013명이 콴티코(VA)의 국립 아카데미에서 10주간 정규교육을 마쳤다. 전부가 계리사, 변호사, 전문인의 자격을 소유하고 있다.

미국 내의 범죄율은 지난 15년간 최고치에 달했다고 워싱턴 포스트(6월 13일)가 보도했다. 워싱턴 DC는 금년 들어 매달 평균 642건의 강력범죄가 발생했으며 7월에 들어서 이미 16명이나 살해당했다. 앤소니 윌리엄스 시장은 '범죄응급 조치'(Crime Emergency Campaign)를 지난 22일 선언하고 다음 30일간 50%의 범죄율을 줄이겠다고 발표했다. 16세 이하 청소년 야간 통행금지를 밤 10시부터 시행하고 우범지대마다 카메라 장치를 서둘렀다. 이 범죄소탕전은 FBI 요원 10여 명과 기술지원, 장비, 물자조달 등에 800만 달러를 설정했다.

한인 업주들이 모인 애난데일에도 권총강도사건이 지난 5월부터 5건이나 잇달아 발생한 기사가 한국일보(7월 1일)에 실렸다. 한인 영주권 취득자가 2년 전에 비해 2배 이상 증가한 2,335명(VA, MD)에 달하며 미 전역에는 2만 6,562명이다. 법적 보호와 치안유지에 대한 권리가 있는 사람들이다.

필자가 유학 온 1964년도의 워싱턴 DC 인구는 81만 명이었으나 2000년에는 23만 명이 준 57만 2,000명에 그쳤고 범죄는 기승을 부리고 있다. FBI 발표는 형사범 중 살인, 강간, 절도 등이 급증하지만 전국적으로 남자 강력범과 자살행위는 줄어드는 경향이라고 지적했다. 하지만 남자들의 마약범죄는 급증한 것이 사실이다. 강간도 1964년에 2만 1,420건이던 것이 40년 뒤인 2004년에는 9만 4,635건에 달한다. 전국적으로 살인만도 1964

년의 9,360건이 2004년에는 75% 늘어 1만 6,137건에 달했다.

그 동안 총인구는 1억 9,100만명(1964년)이던 것이 40년 후에는 52%가 늘어난 2억 9,078만 8,979명(2004년)으로 팽창했다. 인구 팽창과 다인종사회의 특수성은 준엄한 법치가 아니면 최대다수인의 안위와 행복을 보장할 수 없다는 것이다. 어떤 수사관은 "새는 공기 속에서 자유롭고, 물고기는 물 안에서 편하지 않겠느냐"고 말한다. 사람은 규율을 좋아하는 이유가 새와 같이 날면 떨어질 것이고 물 속에 살려면 질식할 것이기 때문이다. 즉 민주정치는 '강한 법'으로만 성취될 수 있다는 것이다.

시민정치를 두고 인성은 선한 것과 악한 것 두 종류로 분리하고 있다. 범죄를 다루는(Enforcement) 전문인들의 눈에는 모든 사람이 결백을 입증하기까지는 전부가 '죄수에 불과'하다는 지론을 갖는다. 인성과 그 본질로 성악설을 주장하는 것이다. 종교인이나 성직자는 많아도 범죄가 기승을 부리는 지구촌 테러 사건들을 빗대는 말로 들린다.

최근 FBI는 미국 내 5개 한인 범죄조직(Organized Crime)들이 일본 범죄조직과도 연관이 돼 있고 마약, 살인, 납치, 도박, 매춘, 외국인 밀입국을 뉴욕, LA, 볼티모어, 샌 프란시스코 등을 주 무대로 자행하고 있다고 공개했다. 한달 전에는 위장결혼과 사기단 혐의로 공범 29명을 이민세관 단속국(ICE)과 시민권이민국(USCIS)이 검거한 사실이 보도되었다.

법은 속임수 같은 과학이다. 겉으로는 웃음을 지으면서 호주머니를 털고 발가벗긴다. 쥐덫은 들어가기 쉬우나 나오기는 어렵다. 그려서 "명령은 등불이요, 법은 빛이며, 훈계는 생명의 길”(잠언 6장 23절)이 되는 것이다. 안전한 운전마저도 교통법규를 순종하는 지혜가 필요하지 않은가. 형평성은 선택이 아닌 복종에 달렸다고 말한다. ‘자유’를 찾아왔으니 한인의 용기와 성실을 과시해볼 만하지 않을까.

부시와 김정일이 왜 닮았을까

정치외교사는 어제 원수가 내일의 친구가 된 사건들을 일깨워준다. 북한 속담에도 "허욕(실리외교)에 들뜨면 눈앞이 어둡다", 그리고 "남의 더운밥이 내 식은 밥만 못하다", 그래서 "닭(북핵)을 길러 족제비(미국) 좋은 일은 시키지 말자"고 한다.

워싱턴 정가는 북한과의 정상회담 가능성, 천민자본주의 경제원조, 동북아 세력균형과 포용력 과시에 입을 모으고 있다. 다시 열리는 베이징 6자회담의 북핵문제 해법에 낙관적이다. 북한의 핵무기와 핵분열 물질을 보유한 채 '조선 민주주의 인민공화국은 모든 핵무기 및 기존 핵 프로그램을 포기하고 빠른 시일 내에 핵 확산 금지조약(NPT)과 IAEA 안전지침에 복귀할 것을 약속한다'고 규정한 2005년 9.19 공동선언을 고려할 때 북한 정부는 다시 추방시킬(2002년 12월) 수도 있고, 2003년처럼 중단됐던 원자로가 다시 가동될 수도 있다.

북핵문제를 강경노선으로 나갈 수 없는 미국의 입장이다. 공화당이 총선거에서 참패당하면서 이라크와 이란의 혼미한 상황, 경기침체마저 국론을 타협으로 부풀리고 있다. 북한의 국제금융, 정보, 법령 등을 통한 불법행위의 표적수사를 중단하고, 핵사찰을 수용하는 대가로 에너지와 식량을 제공하고, 제재해제를 취할 의지를 보였다.

북한을 우방으로 김정일은 '친구' 로 보는 새로운 견해가 국제관계센터(IRC)의 존 페퍼 국장의 '부시와 김정일' 에서 7일 발표됐다. 페퍼는 비록 두 사람의 외모는 다르지만 내면은 유사점이 많다는 것이다.

이 글에서 두 사람은 특권층 출신으로 하나는 백두산에서, 부시는 '텍사스 소년' 으로 간주되길 좋아한다. 둘은 '우리 대 그들' 이라는 대결적 사고를 갖고, 성급하고 불안정한 행동을 선호한다. 두 사람은 스스로 위대하다고 여기고 찬양과 아첨을 좋아한다. 두 사람은 군 최고통수권자이지만 군부의 신임을 받지 못한다고 분석했다.

두 지도자의 카리스마 부족도 눈에 띄는 유사점으로 정치인 아버지의 그림자에서 벗어나지 못했다. 두 사람은 아버지에 대한 콤플렉스 때문에 이라크 전쟁과 북핵 개발이라는 최악 외교정책을 선택했다.

미국의 북한을 움직일 수 있는 지렛대는 북한과 평화공존을 보장하고 북한 지도자와 체제를 수용하며 동북아 세력균형에서 북한을 포용하고 동참시키는 것이다. 북한의 역사와 지정학적 가치를 인정하여 경제원조를 시행할 조짐이다. 북한을 약소국이 아닌 러시아, 중국, 일본의 3개국과 동역자로 인정해볼 전력이다.

국익을 도모하는데 방법과 수단이 문제일 수 없다. 두 가정의 혼사도 조건을 보는 세상이니 말이다. 북한은 그들의 속담대로 "큰 구멍(미국)에 큰 게(재물)가 있다"고 김칫국물을 엄청나게 마시는 듯 싶다.

강국은 뭉친 힘

조지 부시 미국 대통령의 실무 여섯번째 국정연설이 미국 역사상 218차 연두교서로 23일 밤 상하 양원의원과 3부 요인들이 참석한 가운데 이루어졌다. 정적과 타협하는 공손한 모습이 TV로 보였다. 인상적이었다.

부시 대통령의 연설은 55분간 63번의 기립박수로 애국정신과 국가기상을 고무시켰다. 이번 연설은 미국 역사상 처음으로 여성하원의장 낸시 페로시의 소개로 시작되었고, 12년 만에 여소야대가 된 다수 민주당을 공식적으로 축하했다. 공화당 대통령으로는 민주당의 강적들 앞에서 하락하는 지지도에 몰리면서 조심스런 연설을 마친 것이다.

임기 초의 84% 지지도는 34%로 내려갔다. 전쟁과 테러 상황은 국정혼란을 야기하고 있다. 맥 빠진(dull) 연설이었으나 부시의 메시지는 상하 양원의 활동과 행정부, 사법부의 협조로 단합된 강대국가를 지키자는 것이다. 제2의 기회를 호소하기도 했다.

전쟁과 경제를 지적하면서 새로운 에너지 대안으로 2017년부터는 20%의 기름 소비량을 줄이자는 계획안을 내놓았다. "기름에 찌든 미국을 바로잡고", "기름에 중독된 사회를 개탄" 했다.

이민법 개정으로 임시노동기회(Temporary Worker Plan)를 제안했다. 미합중국의 전통인 멜팅 팟(melting pot)을 지키자고 말했다. 그 외에도 교육, 환경, 안보, 이라크의 민주화, 의료보험 지원과 세금혜택, 세계적 빈곤 타파 등을 열거했다. 한반도에 대하여 비핵화 정책을 강조하면서 한 · 중 · 일과의 집중적 공로를 천명했다.

본래 연두교서는 1934년까지 12월에 '국정에 대한 대통령의 연말 메시지' 로 알려졌다. 초대 대통령인 조지 워싱턴은 임시수도인 뉴욕서 장황한 대의회연설을 시작으로 총 8번의 연설을 기록하고 있다. 그 때도 국회는 기립박수로 예의를 지켰다.

이 메시지는 헌법 제2조 3항의 규정에 의거하며 "대통령은 의회에 국가시책을 통보하고 취할 행동과 판단을 제출하여야 한다" 고 되어 있다. 실제로는 국정 지도자들의 신년파티, 과장시위, 말잔치, 장래 계획, 정치판 수퍼 보울, 위대한 합중국의 파워 과시 등으로 인식되고 있다. 하나의 연중행사로 화려한 장식과 말잔치에 불과하다.

연중행사 치고는 값비싼 거국적 이벤트일 뿐이다. 매년 이 준비로 추수감사절(11월) 이후부터 착수하여 수백만의 연방 공무원이 개입되고 각 정당의 기술자문과 신문 여론 등과 100여 일 동안 초안 작성이 준비되면 통례적으로 대통령이 캠프 데이비드에서 작은 수정과 연습을 한다. 이 역사적인 문건은 대통령이 행정수반으로 정리한 정치 입안과 국정운영의 방향제시가 되는 것이다. 실질적인 성사 가능성은 국민여론과 정당정치로 많은 변수가 생긴다. 오늘의 부시 대통령은 불신임과 증오감으로 설득력이 약하다. 정치대안의 현실 가능성은 잔여 2년간의 임무수행에 족쇄일 수도 있다. 이미 CNN과 FOX는 장문의 긴 '세탁물 기록' (laundry list)일 뿐이라고 비아냥한다. 잔여 임기 동안의 '할 일' 이 불투명하다는 우려로 보였다. 설득력과 영향력이 미흡하다는 비난은 참담할 지경이다. 자랑스런 정치제도와 전통적 지도력의 상실로 무능하게 평가된다. 단합된 힘으로만 국정운영이 가능할까. 깜짝 쇼는 연극일 뿐이다. 지도자의 덕목은 신뢰가 생명이니 말이다.

폭풍우에 몰린 인재 발굴

국력은 인재들의 활동으로 유지된다. 교육이 썩으니 국력이 쇄할듯 하다는 말도 들린다. 북한 속담은 "몸과 마음이 병들면 나라가 병든다"고 했다.

정해년 새해는 '빨간 돼지'나 '황금 복돼지'의 해라고 야단이다. 세계는 쌍춘년의 축복으로 결혼—인구증가—두뇌 발굴—전문인력 유치 경쟁의 해결책을 고대하고 있다. 돼지 같은 번식률을 부러워하는 세상의 탄식소리다.

국제사회의 무한경쟁은 '브레인 파워' 전쟁으로 비약하고 있다. 미국과 유럽은 인재 붙잡기에 비상이 걸렸다. 영국은 인재 등용에 무조건적 이민 허용책을 강구하여 9만 82명(2004년)에 취업을 알선했다. 프랑스는 외국인 과학기술 인력 유입을 위해 과학자 비자로 정착하는 것을 합법화하고 있다. 러시아는 아파트 제공과 고임금 보장의 조건을 내걸고 소련 와해시기에 해외로 탈출했던 과학자 500명 중 20% 이상을 복귀시켰다.

부시 대통령은 지난해 대학 총장단 회의에서 "비자 발급 제한조치를 완화시키겠다"고 선언했다. 9.11 이후 엄격한 비자 제한 때문에 외국 인재가 줄어들고 있다는 교육계와 업계의 비판에 충격을 받았다. 교육부 장관 마거릿 스펠링스는 지난 11월에 중국, 일본, 한국을 방문하여 "우리는 외국 유학생들에게 문을 활짝 열어놓고 있다"는 의지를 보였다. 미국은 유학 비자 발급 절차를 간소화하고 문턱을 낮춘 다는 정책을 표방한 것이다.

미국서 박사학위를 취득한 한국인 10명 중 6명은 미국에 잔류하는 것으로 조사됐다. 시카고 대학의 전국리서치센터(NORC)가 조사한 2005 박사학위 취득자 서베이에 따르면 2000~2005년 사이 6년간 박사학위를 받은 한인은 모두 7,723명이며 이들 고급인력의 유출률은 62.7%에 달했다.

연방의회조사국(CRS)이 발표한 '영주권에 대한 이민정책 보고서'(2004년)는 한국인이 1만 9,766명으로 나타나 국가별로 9위로 집계됐다. 이중 취업이민으로 영주권을 취득한 한인은 8,662명으로 가장 많았다. 현재 한국인 유학생 총수는 7만 3,272명으로 전 세계 유학생중 제 1위로 나타났다.

한국탈출 현실에서도 인재 손실은 심각하다. 미국 학교마다 한국 학생 수는 급증하고 학생간의 경쟁은 치열해가고 있다. 필자가 1964년 유학 온 워싱턴 대학교엔 당시 한인학생 11명이 있었는데 현재 3,400명이 재학 중이다. 미국 유학과 교육 기회의 편중을 한국 정부 담당관은 "미래에 대한 불안 때문"이라고 실토했다. 그 이유는 혼탁한 교육정책과 운영, 공교육의 질 저하, 과도한 교육비 지출, 취업에 대한 불안, 반 기업 정서 및 규제 등이 고급인력에게 심리불안으로 작용해 좌절을 조장한다는 것이다. 한국에 희망이 보인다면 나가라고 해도 나가지 않을 것이라고 한다. 지금은 떠나는 인재들을 비난할 수도 없는 형편이다.

서울시 교육청은 매일 평균 34명(2004년 현재)의 초·중·고생이 공부하기 위해 중국, 미국으로 출국한다고 말했다. 비행장을 붐비며 너도나도 조기유학을 서두른다는 것이다. 겨울방학을 맞아 어학연수 등으로 줄은 길어지고 있다.

미국에도 고학력 취업에 절박감과 위기감이 심각해지고 있다. "미국은 더 이상 글로벌 세계시장에서 기득권이 없다. 기초과학, 기술 연구와 교육을 강화해 인재를 기르는 길밖에 없다"고 미국 3대 학술원(국가과학원, 국가공학원, 미 의학연구소) 보고서 '몰려오는 폭풍우를 넘어서' (Rising Above the Gathering Storm)는 지적했다. 여기서 "더 늦기 전에 정부가 나서야 한다"며 공교육 강화와 연구개발 투자의 확대를 강조했다.

미 정부가 외국인에게 제공하는 고급기술인력 비자(H1-B) 발급한도는 연간 6만 5,000명이나 올 회계연도 시작(10월) 두 달 만에 다 채워지고 말았다. 이 비자발급규정을 완화해야 한다는 여론이 높다. 마침내 연방 상하원은 이 분야의 의대 졸업생들의 비자면제를 2008년 5월까지 2년 연장시키는 안을 통과시켰다. 이로 인해 3,000여 명이 체류신분을 확보했다.

미국 이민정책은 고급인력 유입에 역점을 두고 있다. 한편 한국은 무절제한 유학 봇물이 한국 탈출 무드로 맞물리게 되었다.

즉 한국 ‘두뇌 유출’(brain drain)은 곧 미국의 ‘두뇌 유입’(brain gain)이 되어 국력의 득실이 심각한 불균형을 이룬다. 북한 속담에도 “달아 매인 돼지가 누운 돼지를 나무란다”고 한다.

‘황금돼지 해’에 손해 없는 거래를 하기 위해 운동선수를 키우듯 선비 양성도 중요하다는 것이다. 무식은 불행의 근원이니 말이다. 인재는 국력이다. 교육의 뿌리는 쓰지만 그 열매는 달지 않은가.

카스트로

미국과 쿠바는 반세기 동안 철천지원수로 지내고 있다. 지정학적으로 가장 근접해 있으면서 쿠바는 중장거리 미사일 위협(1961년)을 가했고, 케네디 대통령을 암살(1963년) 했으며, 중남미의 반미 좌파세력을 선동하면서 치명적 타격을 가해왔다.

미국 정부의 보복은 은행송금과 경제제재로 맞대응 했으며 반 카스트로 방송과 국제적인 고립을 압박했다. 눈엣가시 같은 카스트로 제거를 위해 CIA는 시거에 폭탄을 장치했고, 밀크쉐이크에 독약을 투입하고, 공습 등 638번에 달하는 집요한 카스트로 암살계획을 수행해왔다.

'9개의 목숨을 가진 고양이' 라는 별명이 붙은 80세의 그 카스트로가 장출혈 수술을 받은 후 위암 치료로 사경을 헤맨다는 소식이다.

쿠바의 이미지는 곧 카스트로이고, 카스트로는 쿠바다. 절대 독재자의 카리스마로 지난 47년간 공산주의 해방운동가로 널리 알려졌다. 카스트로의 퇴장은 반미 지도자의 거취문제일 뿐 아니라 공산주의 혁명 1세대가 완전히 역사 속으로 사라지는 의미를 지니고 있다. 바둑이 불계승으로 끝나는 것과 같다. 쿠바의 정권이양이 눈앞에 다가왔으나 장래는 예측불허다.

역사적으로 쿠바는 미국과 우호적인 동맹관계였다. 크리스토퍼 콜럼버스가 두 나라를 발견한 후 스페인의 통치를 받다가 합병(1898년)한 적도 있다. 제2차 세계대전서도 동맹국으로 일본 독일 이태리를 향해 선전포고(1941년 12월 9일)를 하고 피를 흘리며 싸웠었다. 쿠바가 부패정부로 병들었던 것도 미국(1948년)의 부유한 투자가들의 도박, 범죄조직, 흥행사업 등이 경제적 빈곤으로 타락시킨 때문이다.

쿠바의 자주독립(1956년)은 카스트로가 망명지였던 멕시코에서 돌아오면서 시작됐다. 바티스타 정권을 축출한 카스트로는 수도인 하바나에 입성(1959년 1월 1일), 다음 달에 수상이 되었다. 그의 철권정치는 초장부터 부패경찰관 500여 명을 처형했고, 도박장들을 폐쇄했으며, 공공시설의 운영을 국유화하고, 미국인들의 조직범죄단을 처벌하는 한편 토지개혁을 단행했다.

카스트로는 1961년 5월 자신을 맑스-레닌주의자라고 선포하고 소련으로부터 무제한 경제원조를 보장받게 된다. 미국으로서는 가장 인접한 두 나라가 돌이킬 수 없는 적대관계로 갈라서는 순간이었다.

존 F 케네디 대통령은 U2 첩보사진으로 소련의 장거리 미사일 핵기지가 쿠바에 설치된 것을 확인하고 '핵전불사' 라는 단호한 태도를 니키다 후르시초프에게 통보했다. 250척의 함정과 전투기, 1,000대, 지상군 병력 25만 명을 동원, 쿠바 섬을 포위하고 10월 29일 오전을 기해 공격한다는 명령을 2일 전에 내렸다. 소련은 공격 몇 시간 전인 28일에 항복했다.

케네디는 이 사건 2년 후 달라스에서 암살(1963년 11월 22일) 당한다. 저격범은 리 하비 오스워드로 맑스주의자였으며, 쿠바 비빌 경찰에 포섭되었고, 소련에 3년간 거주하면서 정보부(KGB)의 사주를 받고, 소련여자와 결혼했다.

지금 카스트로는 사경을 헤매면서 한 달 전(7월 31일) 임시 정권이양을 공포하기에 이르렀다. 베네수엘라의 휴고 차베스 대통령은 몇 주전 병문안을 하면서 오일 원조 8만 배럴을 약속했고, 대신 쿠바의 농산물을 교환하기로 했다.

카스트로의 딸 하나는 현재 CNN방송에 근무하면서 마이애미에서 다른 친척들과 반 카스트로 대열에 참여하고 있다. 카스트로의 조강지처였던 마르타 디아스 발라르트(78세)는 스페인에서 조용히 돌아왔다. 그녀는 결혼(1948년)한 이듬해 아들 피델리토를 낳았으며 혁명운동에 분망한 카스트로와 7년 뒤에 이혼했다. 카스트로는 4명의 여자들 사이에 8명의 자식을 두었으나 공식적으로 결혼한 여성은 마르타 한 사람뿐이다.

미국의 쿠바 전략은 콘돌리사 라이스 국무와 카를로스 쿠디에레즈 상무장관을 주축으로 한 '자유쿠바지원위원회' (USAFC)가 준비한 '쿠바 국민과의 협정' 을 성사시키는 과업이다. 이는 합법적이며 민주적인 쿠바정권 수립을 돕기 위해 다음 2년간 7,000만 달러에 추가로 8,000만 달러를 지출한다는 것이 골자다.

미국 본토의 뒷마당인 중남미 대륙에서 민중혁명의 산파역을 해온 카스트로가 권좌에서 물러난다는 것은 미국에서는 '앓던 이가 빠지는' 격이다. 팽배한 반미정서도 잠재울 수 있다. 카스트로의 퇴진으로 석유자원을 앞세워 반미노선의 선봉이 된 차베스 베네수엘라 대통령 등이 자연스럽게 무력화 할 수 있다는 분석도 있다.

카스트로는 과연 애국자인가, 아니면 반역자인가. 차세대의 역사적 판단에 달렸다.

부시의 재선

수퍼보울 경기 못지 않게 박진감 있게 펼쳐진 2004년 대통령 선거가 결국 부시의 재선으로 막을 내렸다. 민주-공화 두 진영이 이번 대선에 쏟아 부은 선거자금이 12억 달러에 달했고 전국에서 1억 명 이상의 유권자가 투표에 참여한 지상 최대의 정치 쇼였다.

한인들의 투표율도 어느 대선 때보다 높았으며 후보 지지면에서도 민주—공화 양당에 균형을 이뤘던 것으로 알려졌다. 부시의 재선 확정 후 국내외의 모든 언론이 향후 4년간 이어질 부시 행정부의 정책노선을 전망하고 있다. 필자는 전문 정치평론가는 아니지만 부시의 재선이 한인사회에 미칠 영향 가운데 긍정적인 면들을 조명해보고자 한다.

우선, 부시 대통령의 재선은 한인들의 투자시장을 활성화할 것으로 낙관된다. 이유는 투자자들이 짊어질 세금부담이 적어질 것이기 때문이다. 부시의 감세정책이 계속 이루어짐에 따라 투자자들의 세후 수입이 올라갈 것으로 기대된다. 실제로 재선이 발표된 첫날부터 다우지수가 올랐다. 달러화 가치도 계속 오를 가능성이 크다.

한인들의 관심대상인 부동산 시장도 지속적인 호황이 기대된다. 부시는 기본적으로 주택소유를 장려해왔으며 연방정부가 서민들의 주택구입을 지원하고 금융기관의 차압을 제한함으로써 부동산 시장의 활성화에 역점을 둬왔다.

부시의 세금정책은 비교적 고소득층의 자영업 한인들 사이에 호감을 얻고 있다. 자영업자들을 위한 세금 감면정책, 20만 달러 이상의 고액 납세자들에 대한 추가 감세 등 향후 10년간 1조 달러의 세금을 줄여주는 감세 방안이 뿌리를 내리게 될 전망이다.

소비자 보호 측면에서 부시는 대형 제약회사들을 정책적으로 키울 것으로 보인다. 미국인들이 캐나다에까지 가서 싼값에 처방약을 구입해오는 불편을 덜기 위해 미국정부 보호 아래 제약업계에 경쟁을 독려하겠다고 부시는 약속해 왔다.

이민정책은 향후 4년간 계속 강화될 것으로 보인다. 일단 외국인들을 대상으로 한 단기 노동자 프로그램이 실시될 것이지만 이들의 영주권 취득은 사실상 불가능할 것이다.

한반도 문제는 어떨까? 북한 핵에 대한 6자 회담과 관련, 북한의 핵개발 폐기에 주변국들의 책임을 담보로 잡을 것이다. 부시는 10년 전 클린턴 정부가 양자회담을 지향했으나 북한이 기만한 것으로 간주하고 있다. 북한의 핵무기 4~7개를 미국의 감시체제 안으로 끌어들인다는 것이 그의 기본자세이다. 북한에 강도 높은 압박을 가하고 6자 회에서의 중국의 영향력도 줄일 것으로 예측된다. 미 국익보호에 양보가 없다는 강경 노선을 지속할 전망이다.

이번 선거결과 한인사회도 부시의 파워와 영향력을 인정하지 않을 수 없게 됐다. 그는 행정부를 재 장악한 데다 공화당 주도의 연방 상 · 하원 지원을 기대할 수 있게 됐으며 연방 대법관 3명도 임명하게 됐다. 주지사 선거도 11개 주에서 공화당이 과반수를 유지했다. 한 정당이 입법, 사법, 행정의 3권을 완전히 장악한 것은 미 역사상 처음 있는 일이다.

부시는 당선 연설에서 '단합된 한 나라, 한 헌법, 그리고 한 장래' 를 천명했다. 한인사회도 총체적 단합과 공동체 의식의 제고를 통해 제 목소리를 낼 필요가 어느 때보다도 절실하다.

부시가 44대 대통령으로서 통합과 화해로 세대간, 도농간, 계층간 갈등을 풀고 세계에서 가장 살기 좋은 미국 건설에 매진해줄 것을 기대해본다.

부시의 몽고 방문

아시아태평양경제협력체(APEC) 정상회의 참석차 부산을 방문(2005년 11월 16일)한 조지 W. 부시 대통령은 급강하된 인기(38%)를 회복하기에 바쁘다. 그의 실정은 이라크전 악화, 재정적자, 의료보험, 에너지 문제, 카트리나 피해, 톰 딜레이 의원의 부정, 리크게이트, 사회보장제의 개혁 등 산적한 현안으로 심각해지고 있다.

종교와 정부의 분리 원칙에도 불구하고 그의 급한 성격과 고집, 호전적인 성향을 기독교의 신앙적 결단이라고 강조하고 있다. 부시는 '거듭난 신앙'을 1985년에 만난 빌리 그래함 목사로부터 감명을 받고 나서 개과천선(스티븐 맨스필드의 '조지 W. 부시의 믿음', 2005년)했다고 기술한다. 그 전에는 술에서 깨어나지도 못하고 아버지 부시는 아들의 뺨까지 때렸다는 보도(미주 복음신문, 2005년 11월 27일)가 나왔었다.

APEC 폐막 후에 부시는 발걸음을 북경에서 몽고리아로 돌렸다. 북경에서는(20일) 교회 예배에 참석하면서 무신론인 중국 공화당 독재정권에 종교자유를 위한 역사적 전환을 촉구했다. 중국에서 종교의 자유를 강조한 포석에는 몽고에 대한 정치적 자유도 내포하고 있다.

우란바트르를 방문(21일)한 부시는 800년 전 징기스칸 갑옷 차림의 용사들 환영을 받고 미소지었다. 전통 의전 형식의 환영을 받은 일은 전무후무한 일로 미국의 대통령으로서는 처음으로 기네스북에 기록이 되었다. 세계제패의 꿈을 이룬 징기스칸 후예들의 영웅적인 제스쳐였다. 부시의 공식적인 명분은 이라크 테러전을 지원해준 감사의 뜻이다.

실제로 CIA 발표에 따르면 이 역사적인 방문은 지난 31년간의 준비과정을 통해 소련, 터키, 중국, 인도로부터 종교문화적 가치 인정, 외교전략적 승리, 그리고 자원개발로 새로운 자유민주화 운동의 초석을 다지는데 있었다. 열강의 정치적 압력으로부터 해방되고 국가 산업화 발전에 '미국의 지원'을 다짐하는 계기가 필요했던 것이다.

지정학적 위치로 소련과 중국은 국경을 접하고 있으며 오랜 중국의 속박으로 있다가 1921년에야 소련의 지원으로 독립국가가 되었고 아직도 공산체제로 남아 있다. 지하자원은 금, 은, 철, 중석, 아연, 석탄, 구리, 오일, 가스, 텅스텐 등이 있다. 유류 수출량도 매일 500배럴에 이른다. 인구 300만명에 저소득층은 36.1%이고 실업률은 6.7%, 평균 연령은 남녀 25세이고, 평균 수명은 남자가 62세, 여자는 67세에 달한다. 몽고의 유용한 광

물자원에 '묻지마 투자'가 이미 확보되었고, 채산성에 따른 선점전략이 성공했다는 보고다.

징기스칸은 알렉산더, 나폴레옹, 히틀러 세 정복자가 차지한 땅보다 더 넓은 영토를 생전에 정복했다. 징기스칸은 유목민 문화의 상징이다. 농경위주의 수직적 사회인 정착 문명권과 달리 수렵 위주의 유목민 문화는 수평적 사고방식을 갖고 있다. 유목민은 또 살기 위해 항상 이동해야 한다. 21세기는 다시 유목민의 시대로 돌아간다는 생각이 많다. 인터넷 시대를 맞아 닫힌 공간에 안주하는 정착민적 사고보다는 열린 사회를 지향하는 유목민적 사고가 세계를 지배하게 된다는 의미인 것이다.

워싱턴 포스트는 1001년 이후 1,000년 간의 역사에서 가장 중요한 인물로 징기스칸을 꼽았다. 사람들이 대륙을 넘어 서로 왕래할 수 있도록 만들어 최초의 지구촌 시대를 연 주인공이었다는 게 선정 이유였다. 그러나 1227년에 사망한 그의 무덤은 도굴 등을 우려해 비밀에 부쳐졌고 지금껏 확인되지 않고 있다.

부시의 제스쳐는 역사를 뒤바꾸는 장기적 전략으로 보여진다. 그의 인기도 반등의 조짐을 보인다. 중국과 소련이 생각지도 못한 때에 미국은 우호전략을 실천했던 것이다. 전 국무장관으로 부시의 선거재판을 당선으로 확정지었던 짐 베이커가 장구한 몽고 기반을 확보하고 역사적인 방문을 성사시킨 공로자인 것이다. 그는 이미 성공한 기업인으로 몽고대학교서 명예박사를 받았고 최초의 서구적인 인사로 몽고국회서 연설했으며 국영사업, 무역, 오일개발을 이끌고 있다.

지구촌 경략은 힘의 규합이다. 한국도 부시의 구애작전(외교전술)에서 한 수를 배울 만하다.

품 바

요즘은 한국에서도 '품바타령' 을 들을 수 없단다. 한국동란 직후, 필자가 중학생이었던 시절까지도 대문에 거의 매일 아침 거지들이 찾아와 "작년에 왔던 각설이 죽지도 않고 또 왔네…" 라는 품바타령을 구성지게 읊었던 기억이 있다. 시인 김시라가 대본을 쓴 1인극 '품바' 가 한국 국내는 물론이고 미국을 비롯한 해외에서 수천 회의 공연 기록을 세운 것도 우리들 모두가 어려웠던 시절에 대한 애틋한 향수 때문일 것이다.

미국에는 애당초 품바타령이 있을 리 없다. 프리웨이 입구에서 적선을 바란다는 내용의 팻말을 든 채 멀거니 서 있는 홈리스들은 있지만 밥달라는 거지는 없다. LA에 다녀온 친지로부터 들은 얘기인데 그곳에선 프리웨이 입구에 줄지어선 자동차로

'거지' 들이 다가와 거러운 신문지로 무작정 앞 유리창을 닦더니 손을 내밀더라고 했다. 돈을 안주면 해코지라도 할 것 같은 인상이었단다. 이런 거지는 '진짜 거지' 가 아니다.

지난달 시애틀을 방문한 최일도 목사의 별명은 '밥 퍼주는 목사' 이다. 그는 청량리역 광장 시계탑서 만난 거지 친구들에게 밥을 퍼주며 '삶의 길' 을 열었다고 간증했다. 필자는 그 간증을 들으며 머리에 저절로 떠오르는 한 거지 친구의 얼굴을 지울 수가 없었다. 바로 엊그제도 시애틀 부둣가에서 만나 서로 얘기를 주고 받았기 때문이다.

직장 근처의 부둣가를 점심시간에 잠시 거니는 것은 필자의 오랜 낭만이다. 보행 운동을 겸해서 신선한 바람에 실려오는 갯벌냄새를 즐긴다. 매일 똑같은 방향으로 걷는 이유는 바로 그곳에 기다려주는 거지 친구가 있기 때문이다. 쿠바 난민으로 기독교 신자인 그 거지의 이름은 피드로, 나이는 필자보다 한참 아래인 50세이다. 3백파운드의 거구에 어울리지 않게 그는 얼굴에 항상 상냥한 미소를 잃지 않으며 대화를 해보면 시시콜콜한 세상 잡사에 해박하다. 어쩌다 신문에서 한국에 관한 기사라도 발견하면 정성스레 오려 필자에게 전네주고 9.11 테러사건 같은 중대뉴스는 라디오 방송을 들은 대로 전해준다.

필자와 대화 중에도 지나는 행인이 동전을 주면 그손에 잽싸게 전도지를 쥐어주고는 '하나님 축복' 과 '감사' 를 연발한다. 품바타령을 못부르는 각설이지만 피드로는 나름대로 자기 몫을 한다. 여러해 동안 많은 대화를 나누면서 나는 그와 가까운 친구가 됐다.

피드로 같은 각설이들을 위해 시애틀 타임스는 지난 2월부터

10주간 불우이웃 돕기 모금운동을 벌였다. 무명 독지가들의 수만 달러짜리 수표에서 십시일반의 푼돈에 이르기까지 총 57만 9천 8백달러를 모은 것으로 보도됐다. 유나이티드웨이의 킹 카운티 지부도 9천 3백만달러의 기부금을 모았고 그 과정에서 한인직원 다이엔 박 씨의 노력이 인정받았다.

피드로와 만날 때마다 필자는 "우리 한인사회에도 이 사람처럼 불우한 이웃이 한둘이 아니겠지…"라는 생각을 떨쳐 버릴 수가 없다. 시애틀 주민들 사이에는 이미 '주는 기쁨'이 전통적인 사회덕목으로 자리잡았다. 동포들도 이 같은 기쁨을 경험하며 한인사회를 더 살기 좋은 세상으로 만들었으면 좋겠다. 그러면서도, 필자는 한인 홈리스들이 피드로처럼 밝고 떳떳한 삶의 자세를 가져줄 것도 은근히 기대하게 된다.

최근 피드로가 시애틀 일간지에서 오려 건네준 한국 관련 기사를 읽고 필자는 기분이 몹시 착잡했다. 그 1단짜리 기사는 뇌물 수수혐의를 받고 있는 김대중 대통령의 아들 홍걸씨가 검찰에 출두하기 위해 LA의 저택을 떠나 귀국한다는 내용이었다. 피드로의 순박한 얄굴을 보며 가진 것 없는 그가 돈을 주체 못했을 대통령의 아들보다 훨씬 복이 많을지 모른다는 생각을 하고 있었다.

백악관을 움직이는 인맥

백악관에서 사람을 찾고 있다. 권력의 정상에서는 수세가 쟁취보다 어려운 형편이다. 최근의 비서실장을 비롯한 재무장관 등 내각 경질의 분위기로 술렁이고 있다. 정가는 부시 대통령 동창생들의 인맥으로 발걸음이 분주하다. 예일대 출신들이 두각을 나타내고 있다.

하락하는 여론은 워싱턴 포스트 조사에서 '자국 일에만 신경을 써야 한다' 는 응답이 42%에 달하게 했으며 조지 부시의 업무 신뢰성은 36%에서 멈출 줄을 모른다. 국제사회 여론은 고립주의 경향이 노골화되고 있다.

백악관에서는 '한 사람만을 하늘같이 모실' 충복을 찾는다. 여당 내의 반발로 부시 대통령의 입지는 역대 대통령들 중에 가장 심각한 기로에 놓였다. 여기에다 수뢰와 CIA 누설사건, 감세 중지안, 재정 적자의 심각성, 테러전쟁과 주둔 미군의 철수 결정, 처방약 계획의 혼란 등을 해결할 수 있는 인물들이 필요하다.

침체된 정국의 해결책으로 예일대 출신들을 바라보는 눈빛들이 달라지고 있다. 대권 후보와 현 직업공무원들 중에 그들의 영향력이 두드러지기 때문이다. 부시 대통령(사학과)을 위시하여 부통령인 딕체니, 빌 클린턴 전 대통령, 힐러리 클린턴 상원의원, 존 캐리 등이 다 예일 동창들이다. 미국 도처에 예일대 출신들이 포진하고 있다.

예일대의 엘리트 양상을 두고 과연 동창회를 계급사회 형성의 매개체로 매도할 수 있을까? 지도층이냐, 지배층이냐, 권력의 아성이라고 비아냥거린다. 막강한 인맥구조(Network)를 보고 예일대에 대한 정체 파악과 모금운동을 주시한다.

예일대학교는 전 미국의 1,000여 대학 중 가장 오랜 캠퍼스로 1701년에 세워졌다. 처음에는 보통 학교로 애브라함 피얼슨의 개인 집에서 시작했다가 1716년에 현재의 코네티컷 주에 있는 뉴 헤븐으로 옮겨져 75년 뒤인 1792년에 종합대학으로 바뀌었다. 여기서 세계의 가장 명망있는 고등교육기관을 성취할 영국사업가의 꿈이 있었고 그의 이름인 예일이 교명으로 되었다. 그는 평생에 한 번도 학교를 방문한 적이 없었다.

목사들이 세운 최초의 이 학교는 예일 씨의 도움으로 560파운드 상당의 물품을 기부 받고 이것을 판돈으로 학교 건물을 지을 수 있었다. 예일 씨는 20여 년간 동인도 회사에 근무했을 뿐이며 한 평생을 런던에서 살다가 72세로 사망했다.

현재 총동창회는 12만 명이 국내 140개 지부와 30곳의 해외 지부로 조직이 돼 있으며, 연 기부금 액수가 6억 136만 달러로 미국교육지원회(CAE)가 발표했다. 전국 1,005개 고등교육기관 가운데 상위를 차지하고 있다. 리처드 레빈 총장은 교시가 '빛과 진리'(Light and Truth)이듯 우수인재 발굴과 양성으로 국가적 동량을 키운다고 말했다. 현재 재학생 수가 1만 1,300명에 달하며 그 중 백인이 73%, 동양계가 13%이다. 교수진은 3,340명, 교직원은 8,005명이다.

고등교육과 실력은 국가의 부강을 보장한다. 풍족한 자산과 예산집행이 대학교육에 막중한 영향력을 공헌한다. 학교전통은 동창생들의 고귀한 정신생활로 이루어진다. 동창생들의 긍지와 자부심이 지도력이 되고 숭고한 애교실의 발로가 애국심으로 승화된다. 엘리트 교육은 상생의 길인 것을 다시 회상하게 된다.

백악관에 줄서있는 예일대 출신들의 학연이나 텍사스와의 지연을 바라보는 눈초리가 매섭다. 국정운영의 정도는 중용이다. 백성들의 지원을 얻어내야 한다. 충성심이 투철한 인재는 '넓고 높고 빠른' 올림픽 정신의 애국자가 아닐까.

맥아더 장군

극동 국제정세를 분석하면서 20세기의 '놓친 기회'를 통탄하는 대화가 많다. '악의 축'이 된 북한과 세계경제의 '악동'으로 불리는 중국을 제거할 수 있었던 한 순간의 기회를 아쉬워한다. 주인공은 더글러스 맥아더 장군의 작전계획으로 한·만 국경선(압록강과 두만강)에 '방사능 코발트 벨트'를 확대시킨 뒤 만주폭격과 중국연안 봉쇄에 대만 국부군과 미 해병대의 전쟁투입 전략이었다. 이 역사적 사건이 1950년 11월에 발생했다.

무상한 세월은 반세기가 지나 한국에서 맥아더를 살인자로 규정한 노래가 나오고, 맥아더 동상이 철거 논란에 휩싸이면서 6.25 전쟁사가 곤두박질치는 소란이 일었다. 그러나 학계는 맥아더가 인천상륙작전을 통해 한국을 공산화 위협에서 건진 주역이라고 평가했다. 버지니아 주 맥아더 기념관이나 아칸소 주의 리틀록 박물관과 맥아더 관련 학술논문 3,000여 편이 그의 영웅적인 카리스마를 뒷받침하고 있다.

한국의 급진세력은 인천상륙작전 55주년인 2005년 9월 15일에 '분단의 원흉'으로 맥아더 동상 철거를 문제로 삼았다. 운동권 출신들의 미군철수가 배경으로 불거진 것이다. '만악의 근원인 주한미군을 몰아내겠다는 의지의 선언'이라며 '광주와 평택투쟁을 거치면서 달려온 반미반전투쟁의 기세를 9.11 인천투쟁'으로 이끈 것이다. 미 하원의원 5명은 맥아더 동상철거 논란에 대한 반대입장을 밝히는 서신을 UN총회에 참석중인 노무현 대통령에게 전달했다. 헨리 하워드 국제관계 위원장은 서신에서 "맥아더 장군이 주도한 인천상륙작전이 성공하지 않았다면 오늘의 한국은 존재하지도 않았을 것"이라며 "철거를 위한 훼손 행위가 계속될 것이라면 차라리 미국인들에게 동상을 양도해 줄 것을 정중하게 제안한다"고 밝혔다.

맥아더는 아칸소 주 리틀록에서 1월 26일(1880년)에 태어났다. 맥아더는 처음부터 군인의 피를 물려받았다. 그의 아버지 아서 맥아더는 10대의 나이로 남북전쟁에 지원병으로 참전한 뒤 나이 스물에 연대장이 된 사람이다. 그는 1898년 미국-스페인 전쟁에서도 무공을 세운 뒤 필리핀에 근무하다 육군 중장으로 퇴역했다.

아들 더글러스 맥아더는 대통령 후보로까지 선망의 대상이 되었던 육군대장이다. 웨스트 포인트를 수석으로 졸업하고 57세에 퇴역했으나 태평양전쟁과 6.25 동란으로 다시 군복무를 시작했다. 현역에 복귀한 그는 연합군 남서태평양 사령관(1941

년)으로 대일 전쟁을 직접 지휘해 일본을 항복시켰고(1945년 8월) 일본 점령군 최고사령관이 되었다. 한반도의 6.25 전쟁(1950년) 때는 UN군 최고사령관으로 한 · 만 국경까지 진격했다. 이때 신중한 입장을 취한 해리 트루만 대통령과의 불화로 사령관 지위에서 해임(1951년 4월)됐다. 상 · 하 양원 연석회의의 고별 연설서 "노병은 사라지지 죽지 않는다"는 감동적 연설을 남겼다. 84세로 1964년에 작고했다.

그는 훌륭한 군인이었고, 한국의 자유민주주의를 지켜준 인물이다. 그를 역사 속에서 꺼내 부당한 단죄를 내리는 자들은 공산주의자들 아닌가 몰라.

독일에서 존경받는 미군 사령관 클레이는 '베를린의 영원한 친구'로 인정을 받고 있으나 자유공원의 맥아더 UN총사령관에 대한 변질된 태도는 한민족의 본심이 아니길 바란다. 패트릭 헨리가 영국의 폭정에 대항해 버지니아 주민들에게 호소한 "Give me liberty or give me death"가 한민족의 뜻이지 않았던가. 이제는 56년 전의 역사적 뒤안길에서 솔직할 필요가 있다.

알래스카와 청교도 정신

병술년 첫 태양을 바라보며 가슴속에 새 희망을 가져본다. 소망이 없는 세상과 새해란 상상할 수 없다. 미국의 국정운영은 카트리나 강타로 멍들었고 2005년도의 특종 경제기사 첫 번째는 '기름가격' 이라고 이그재미너는 보도(2005년 12월 27일)했다.

월동준비에 초조해진 정부는 루이지애나 앞 걸프만의 원유생산 중단과 역사적인 유가상승이 세계기록으로 70달러(배럴 당)에 달하자 대안을 찾지 않을 수 없었다. 그 해결책이 자체 생산이었으며 마지막 보루인 알래스카 개발이었다. 이 제안도 하원통과 후에 상원서 4표 차이로 부결(2005년 12월 21일)됐다.

곤경에 처한 부시 행정부는 오일 공급을 해외로 눈을 돌리지 않을 수 없게 되었다. 남미와 이라크는 아직도 민감한 현실에 놓여 있다. 알래스카 개발은 재도전으로, 포기되지 않은 상태다.

알래스카의 문제점은 동물애호연맹과 개발추진세력과의 25년에 달하는 반복이다. 정치적인 쟁점은 원유개발을 '서둘 필요'가 없다는 주장과, 당장 생산해야 한다는 투자가치 사이의 투쟁이다. 전자는 보수우익적인 국수주의로 해외원유 개발을 우선하는 전략이며, 후자는 현실주의적인 근시안적 시장경제성을 말한다. 시기적으로 5,000년 뒤의 미국 장래와 다음 5년간의 현실타파책에 대한 역사적 입장이 다른 것이다.

알래스카는 미합중국의 49번째 주로 1959년 1월 3일에 승격했다. 즉 미국 국기인 성조기의 49번째 별이 된 것이다. 알래스카 주민은 평균 가구당 수입이 4만 3,000불로 가장 부유한 주(1위)로 알려졌다. 북극의 브리톨베이의 원유생산에 대한 로얄티 만도 매년 1,200불 이상을 주민에게 지불하고 있다. 현재 총인구는 63만여 명이며, 평균수명은 72.24세, 광활한 대지는 한반도의 8배가 되며, 미개발지역이 80%에 이른다. 오일과 가스 매장량이 약 80조 배럴로 중동지역에 버금가는 것이다. 금, 은, 석탄, 우라늄까지 매장돼 있다.

사실 이 땅은 미국이 단독주택 10여 채 값에 사들인 것이다. 봉이 김선달 같은 전술로 돈벌이가 천문학적인 수치에 이르렀다. 미국 역사상 최대의 횡재였던 매입사건에도 어려움은 많았다. 앤드류 존슨 대통령과 윌리엄 수어드 국무장관은 상 · 하의원들의 비판적 화살을 피할 수 없었다. "얼음덩어리를 구실로 나라를 판 사람들", 또는 "눈 산에 홀린 위인들"이라는 반대, 수모, 비난을 받았었다.

경제위기를 논하면서 워싱턴 포스트가 추정한 알래스카의 매각가격은 매입가의 14만 배인 1조 달러라고 보도(2005년 12월 9일)하자 러시아 언론과 정치인들은 "알래스카가 우리 품으로 되돌아오는 날을 국경일로 삼자"고 호들갑을 떨었다. 최초의 매도액은 720만 달러(1867년)였다.

텔 스티븐스(82세) 상원의원은 "앞으로 25년 동안도 보전과 개발의 두 진영이 쓸데없는 낭비로 명분만 찾을까"라고 탄식했다. 엄청난 중대 사안에 '미국의 정신'을 배제할 수 없다. 미국은 숭고한 정신으로 자본주의적인 '국익'을 우선으로 하는 국민성이 강하다. 청교도 정신은 '해결책'보다 '대안'을 우선한다.

새 희망과 태양을 바라보며 꿈을 갖자. 유가는 안정세를 유지할 것이고, 부동산 시장도 곱 장사는 못 되더라도 현상유지는 웃돌 듯 싶다. 동포들의 전초지인 워싱턴 DC는 발전한다. 활황세의 모든 입지여건을 갖추고 있다. 보석은 보이지 않는 곳에 다소곳이 숨어 있다. 욕심을 지우면 환하게 보인다던가. 희망이 믿음의 어버이다. 희망으로 인정받는 한인들이 되자.

제 4 장
크리스마스 카드

크리스마스 카드

금년은 크리스마스 카드 장사보다 다이아몬드와 전자제품, 그리고 큰 나무들을 선호한다는 소식이다. 연말경기가 막바지에 달하면서 매일 전국적인 배달량이 우체국 카드와 선물들이 9억 가지에 달하며 UPS(2,000만개), FedEx(850만개), 온라인(9만 5,000가지)으로 전달된다고 워싱턴 포스트는 보도했다.

크리스마스는 카드 한 장에 담는 '마음'이 소중하다. 성탄 카드를 음미하면서 보내준 사람의 체온과 숨결이 마음까지 읽을 수 있는 정취가 향기롭다. 설레는 이름과 추억으로 새로운 활력소를 찾게 된다. 사랑의 교제는 아름다운 향기같이 겨울을 녹여준다.

사실 카드 숫자는 매년 줄어들고 카드 모양도 달라졌다. 요즘은 춤추는 전자카드에 소나무, 바다, 설경 등 자연친화적인 디자인이 많다. 읽지도 못할 서명으로 달랑 보낸 카드도 있다.

한인사회의 신앙자세도 많이 변했다. 돌이켜보면 해방 후부터 6.25전쟁 동안은 살려달라고 외치다가 구원과 이적을 강조하던 1960년대와, 부흥성회를 통한 성령 역사가 70년대를 스쳐갔고, 성장과 건축을 갈구하던 80년대에, 제자교육을 필수과목인양 강조하는 90년대, 조직교회나 독립교회로 번지고 있는 21세기의 물결을 타고 있다.

결국 의식개혁도 변하여 '한국교회는 예수를 배반했다'(류상태 목사)가 금년 5월에 발간될 정도에 이르렀다. '크리스천 파워' 발표에 따르면 한국교회의 갱신과제로 '신앙과 삶의 불일치'(85.5%)를 지적했고 그 해결책은 '목회자의 자기 갱신'(91.2%)이라고 지적(2004년 11월 4일)했다.

종교생활의 실체를 AP 통신은 86%가 "아주 중요"(62%)하거나 "어느 정도 중요"(23%)하다고 말했다. '신의 존재를 믿는다'는 응답자도 10명당 8명꼴에 달했다. 한국은 63%로 이탈리아(80%)와 캐나다(64%)의 뒷전으로 말려났다. 삶에 미치는 종교적 영향력은 독일, 프랑스, 영국, 스페인이 한국보다는 뒤지는 반응을 보였다.

전통적인 종교를 멀리하는 미국인이 늘고 신흥종교의 우주주의(Universism) 등을 선호하는 로스앤젤레스 타임스의 보도(2005년 11월 18일)가 있다. 이들은 온라인 집회 참석자들로 지난 2년 동안 8,000명 이상으로 불어났고 카페, 리빙룸, 식당서 진지한 토론으로 '역사를 통한 인류의 난제를 해결'하는 것을 추구한다. 비전통적인 종교의 확산은 지속되고 있다.

퇴색된 성탄카드를 읽다보면 각양각색이다. 그 중에는 '감투욕'의 신호탄, 아첨용, 독촉장, 기부금 강모용, 우호적이거나 참회용 등을 볼 수 있다. 그러나 마음에 와 닿는 카드들은 역시 덕담, 격려, 잊었던 친구나 동지의 부담 없는 문안, '나 같은 사람은 다시 만나지 마시고 세월이 약이 되시길 바라오'나 고사리 손으로 만든 크레용 그림 한 장을 냉장고에 붙여주고 매일 볼 수 있는 눈망울로 반기는 카드가 좋다. 이런 카드들은 청신한 충격을 준다.

교회나 크리스천들이 '소금의 맛'을 잃고 있는 현실사회서 양질의 카드를 기대함이 책잡힐 일인지도 모른다. 기대 속에 어리석음도 알아야겠다. 목사도 교회의 갈등과 탈진으로 떠나는 약삭빠른 세상에 진솔한 카드 하나를 불평하기란 말도 되지 않는다. 오히려 맑은 빈 마음이 더 좋은 상책이리라. 눈을 감고 들어보지 못한 '마음'의 속삭임과 심포니가 영감의 아름다운 향기로 가슴에 와 닿을 때의 짜릿함은 통쾌하다. 영혼의 계시가 보인다. 그래서 '텅 빈' 카드보다는 하얀 카드가 더 이상적일 듯 싶다. 순수한 뜻이 통한다.

인생의 번뇌, 고민, 상념으로 강원 산골 오두막에 칩거하며 득도하던 법정스님은 '맑은 가난'으로 욕망을 버려야 행복도 채워진다는 말을 했다. 잡스런 카드보다는 '마음'을 나누는 노트 조각이 더 멋지다. 하얀 마음은 영원한 미소를 안겨준다. 빈 마음으로 '기쁨'의 부자들이 되자.

별빛 속의 '여인천하'

'암탉이 울어야 흥한다'는 말이 워싱턴 정가를 고조시키고 있다. 국제정치의 안정을 위해 여성 통수권자들에 거는 기대가 크다. 아리엘 샤론 이스라엘 총리가 뇌출혈로 쓰러진 후 후계자로 두각을 드러낸 '떠오르는 별' 치피 티브니(48세)가 현 여성 외무장관으로 중동 분쟁의 해결사로 인정을 받고 있다. 미국 차기 대선 주자로 지목 받는 힐러리 로담 클린턴 상원의원(민주)은 미스 버지니아와 지난달 24일에 1인당 1,000달러 이상의 모금운동을 U 스트릿에 있는 벤스 칠리 보울서 가졌다.

최근에는 국가 최고여성지도자 고지에 도달한 '별'들의 수가 현저하게 늘어나고 있다. 지난달 15일에 치러진 결선투표서 미첼 바첼렛(54세) 후보는 53.5%의 지지율로 남성중심의 보수적

가톨릭 국가인 칠레에서 헌정사상 첫 여성 대통령으로 당선됐다. 바첼렛은 의학도였으며 두 차례나 이혼했고 현재 3명의 자녀를 홀로 키우고 있다. 앞으로 장관의 절반을 여성으로 채우겠다고 공언했다.

같은 날에 치러진 핀란드 대선도 여자 대통령이 압도적으로 당선됐고, 지난해 11월의 라이베리아 총선서도 여성후보가 대권을 쟁취했다. 이외에도 여성들이 필리핀, 스리랑카, 인도네시아, 바하마, 뉴질랜드, 라트비아, 덴마크, 독일에서 대통령이나 수상으로 별들의 위상을 드높이고 있다.

여성 바람은 거세지고 있다. 각 전문분야에서 여성지도자들은 인류문화 발전에 지대한 공헌을 하고 있다. 여성들의 돈독한 실력발휘는 과학, 예술, 종교, 경영, 공무원 등 여러 분야에서 인정을 받고 있다. 미국 정부의 17개 정보기관에서 '그림자' 같이 활동하는 '샛별' (Agents) 들의 모습은 찬란하다. 셰익스피어는 일찍이 "여성은 이 세상을 양육하고 덕, 겸손, 진실과 예술성을 지니고 있다"는 말을 했다.

미국의 최초 여성투표권은 제 19차 헌법 개정으로 1920년 8월 18일에 발효됐다. 52년간의 투쟁의 산물이다. 프랑스는 여권신장운동을 했다는 죄명으로 단두대의 이슬로 사라진(1793년) 올랭프드 구주의 참상으로 세계를 울렸다. 그는 죽으면서 "여성이 단두대에 오를 권리가 있다면 의정 단상에 오를 권리도 있다"고 외쳤다. 151년 후에 프랑스 공화국의 평등법은 통과되었다.

여성참정권이 스위스에서는 1971년 2월 7일 마침내 통과되었다. 이 나라 여성들은 평등한 정치적 권리를 얻기 위해 700여년의 장기 투쟁을 했다. 이날 실시된 국민투표에서 남성으로만

이뤄진 스위스 유권자들이 찬성 62만 표 대 반대 32만 표로 자국 여성의 참정권을 승인한 것이다. 스위스는 유럽에서 여성 참정권을 가장 늦게 인정한 나라일 뿐 아니라 전 세계적으로도 보통선거제도의 확립이 예외적으로 늦었던 나라다. 세계에서 가장 오랜 공화정부의 역사를 지니고 있는 나라로서 예외적인 교훈을 남기고 있다.

민주공화정치가 오래된 나라들은 문화정책으로 여성의 탁월한 재능과 예리한 관찰력, 투철한 책임감, 예술성, 차분한 설득력과 호소력에 '보통상식' 적인 원론으로 지위를 향상시키고 있다. 여성의 우수성을 인정하는 사회가 조화를 이룬 공동체인 것이다. 지구촌 경영의 평화공존은 가정에서부터 실현돼야 한다. 암수탉이 같이 울면 화음이 아름답지 않을까.

소외감 속의 남성들 고민도 여성의 평화정신으로 위로를 받을 만하다. 총기발사사건이나 국제테러단들의 전쟁유발은 남성들의 전유물인 듯 싶다. 섬세한 여성지도력이나 설교가 보다 논리적이고 설득력이 있지 않은가. 변화된 '여인천하' 라면 지혜가 뱀 같은 남자들도 호평을 누려야하지 않을까. 정이 메마른 사회적 악상을 보며 별빛이 고즈넉이 담긴 세상에 희망을 걸어볼만 하다.

국정운영을 여자에게 맡기고 남자는 여자를 움직이는 신사도가 오히려 아쉽다. 옛부터 남자를 출세시키는 것도 여인이고 보면 '남자의 영광' 을 맡겨볼 만하다. "남자를 에덴동산에서 끌어내린 것이 여자라면, 남자를 다시 낙원으로 인도할 수 있는 지도자도 여자일 것이다." 라고 영국 철학자 에드워드 허버트 경(1583년)이 지적했다. 여성존중은 법인 것을 또한 명심하자.

어버이날의 현주소

가정의 달 5월은 계절의 여왕으로 불린다. '나' 의 나된 것은 오직 어버이 때문이라고 한다. 인간은 다 어머니의 작품이란 말도 있다. 어버이의 대명사는 곧 '숭고한 희생' 이다.

한국은 1956년 5월 8일을 어머니날로 지정했다가 1973년에 어버이날로 이름을 바꿨다. 미국은 어머니날이 5월 둘째 일요일(14일), 아버지날은 한 달 뒤인 6월 둘째 일요일(18일)이다. 우드로 윌슨 행정부가 어머니날을 지정한 것은 1914년이다.

21세기의 현실은 인륜을 저버리고, 부모가 불한당 같은 자식들에게 강도, 살인, 구타, 천대, 멸시 등 매 맞는 세상으로 전락했다. 어버이날의 현주소는 몰락하고 있다. 경찰과 병원 보고서에는 노인들의 신체에서 매 맞은 핏자국, 뼈가 부러진 타박상,

회초리 자국, 꼬집힌 흔적, 멍든 눈덩이 등이 곧잘 발견된다. 사인 위조, 범죄사건, 피 묻은 옷, 국부 손상, 영양실조에 상점가나 프리웨이에 방치된 노인도 있다.

한국에서 가지고 온 현금으로 자녀들의 집을 사주고, 노인들은 '정부 집'에 입주하여 구차스런 생활을 한다. '효자 손'이 내민 쌈짓돈(정부보조금)은 손자들의 용돈으로 상납하는 처지가 되었다. 심지어 정부 의료기관에서 받아온 영양제와 비타민은 며느리에게 선물로 전해진다. 늙기도 서럽거늘 자식과 가족을 위한 희생은 생명의 위협을 받으며 고독의 위안으로 매도를 당한다.

노인들의 수치심은 철저한 은닉태도를 미덕으로 삼게 한다. 가장의 자존심과 체면을 지켜보려는 실낱같은 희망인 것이다. 이런 수모를 왜 당해야 하나? 범죄심리학자들은 가부장제의 몰락, 복합문화와의 갈등, 언어장애, 세대간의 격차, 여성 경제력 신장, 개인 이기주의와 재정적 독립 등으로 설명하고 있다.

버지니아 주지사 팀 케인은 노인들이 당하는 피해와 영양실조 현상들을 정기적으로 보고로 퇴치하겠다며 병원 의료진, 사회봉사단체, 경찰을 통해 효율적으로 시정할 계획이라고 말했다. 아울러 존 마샬 주 공안장관은 노인들의 자살방조, 신체와 정신적인 고통, 그리고 재정적이거나 물질적 손상은 철저하게 제거할 것을 공언했다.

버지니아 주의 노인(60~74세) 인구는 61만 명(1996년)이던 것이 급작스레 42%나 늘어 140만 명(2025년)에 달할 것으로 본다. 전국 노인피해사건 연구보고서(National Elder Abuse Incident Study)와 성인 보호처리 보고(Adult Protective Service)

는 국가범죄와 복지향상의 새로운 정책도전을 강조했다. 주 정부는 '매 맞고 사는 노인' (Battered elder syndrome)들의 가해자를 철저히 엄단하고 완전히 소탕할 것이라고 했다.

미국 주류사회는 동포들이 가정 중심적이며 효심이 투철한 문화민족으로 알고 있다. 우리를 믿어주는 신뢰를 헌신짝같이 버릴 수는 없다. 어버이들을 본대로 흉내 내는 자식들의 귀감이 돼야 한다. 수치스런 본보기로 결국 며느리한테 뺨 맞는 수모를 당하지는 말아야 한다. 오늘날의 자손들 행태는 노인들이 반성해야 할 일일 수도 있고 바르지 못한 본보기 때문일 수도 있다. '인과응보' 라고 노인 된 어른들의 '자업자득' 인지도 모른다. 아들을 형무소에 보내는 일은 피해야 하지 않을까. 콩 심은 데 콩이 나고 팥 심은 데서 팥이 난다. 아집을 버리고 신실한 모범을 보였어야 한다.

자식에게 이길 부모는 없다. 일본 속담에 "불조심과 부모에 대한 효행은 반드시 미리 해야 한다"고 일렀다. 어버이를 향한 보은의 길은 마음의 선물뿐이다. 성경에 "지혜로운 자식은 아비를 기쁘게 하거니와 미련한 자식은 어미 근심이니라"(잠언 10장 1절)고 기록돼 있다.

상호존중으로 어버이들도 아이들을 바라보고, 아이들도 어버이를 바라보아야 한다. 유서도 수시로 수정해 놓아야 한다. 왕따를 당하기는 다 마찬가지인 것이다. 자식들을 '잘 해' 주느라 거짓을 밥 먹듯 하다보면 자신의 입지만 약해질 뿐이다. 가정에도 신의와 예의가 묘약이리라. 아버지부터 진심을 실천하다보면 아주 나중에 응원단장이라도 되지 않을까.

회장의 자질

미국 주류사회의 선거가 6일 끝났지만 한인사회는 이제부터가 정작 본격적인 선거철이다. 한인회를 비롯한 각종 사회단체들의 새 회장 선거공고가 요즘 신문지상에 자주 눈에 띈다. 서북미 지역에 각종 한인단체가 50여개에 이르므로 '선거철'이란 말이 별로 과장이 아닐 듯싶다.

시애틀 한인회는 1967년 워싱턴 대학 학생회관 2층에서 화기애애한 분위기 속에 창립됐다. 20여명이 오순도순 둘러앉아 동포사회의 비전정립과 권익옹호 방안을 진솔하게 논의했었다. 그 무렵 회장직은 천거 받고, 사양하고, 사양하면 다시 억지로 떠맡기는 형국이었다. 말하자면 선거 아닌 추대였다.

한인사회가 커지면서—꼭 시애틀 지역이 아니라도—한인회장

선거는 양상이 크게 달라졌다. 수만달러를 선거비로 쓰는가 하면 투표장이 격투장으로 돌변해 경찰관이 임석하는 꼴불견이 연출됐다. 어떤 지역에서는 낙선자가 선거무효를 주장하며 소송을 거는 것이 정해진 순서가 됐다.

다른 단체와 달라 한인회 선거의 말썽은 한인회의 성격과 기능에 대한 인식이 잘못된 데서 비롯됐다고 할 수 있다. 한인회는 한인들 위에 군림하는 권위기관이 아니라 안으로는 이민정착을 돕고 밖으로는 한인사회의 권익을 대변하는 실무봉사 기구일 뿐이다. 한인회이 문제는 항상 한인회를 봉사단체가 아닌 권위기관으로 착각하는 사람들에 의해 야기됐다.

이민사회에는 한국에서보다 직업적, 사회적 신분이 낮아진데 대한 보상심리로 감투에 연연하는 사람들이 많다는 점도 문제다. 특히 한국정부로부터 '교포사회를 대표하는 인사'로 대접받는 한인회장 자리는 경쟁이 너무 지나쳐 마치 한인회가 한인회장을 위해 존재하는 듯한 인상을 주게 됐다.

한인회 선거방법에도 문제가 있다. 한인회장에 출마하려면 막대한 공납금은 물론 자신이 동원한 투표인들의 한인회 등록비까지 대납해야 하는 것이 일부 지역에서는 거의 통례로 돼있다. 돈으로 산 투표인에 의해 당선된 한인회장을 일반 한인들이 존경할 리 만무하다.

그러나 곰곰이 생각해보면 한인들의 무관심이야말로 한인회의 활성화를 저해하는 원천적 요인이라고 할 수 있다. 한인회가 한심하다는 사람들치고 한인회장 선거에 참여했거나 회비를 자진납부한 사람이 없다고 관계자들은 꼬집는다. 무관심과 냉소보다는 참여해서 개선하는 것이 바람직하다.

비즈니스 단체나 일반 친목 단체와 달리 한인회는 그 지역에 거주하는 한인이면 누구나 회원이 될 수 있고 투표권을 행사할 수 있다. 한인회가 잘되고 잘 못되는 것은 기실 한인들 개개인에 달려있는 것이다.

모든 단체장이 그렇듯이 한인회장도 자질이 중요하다. 봉사보다 감투로 생각하는 사람, 영어구사에 문제가 있는 사람, 정부기관의 지원을 끌어내지 못할 사람, 독선적이고 목청만 큰 사람, 자기과시와 자랑에 도취된 사람, 희생정신이 없고 눈치만 빠른 사람 등은 지도자로서 곤란하지 않은가?

암 환자의 교훈

인간의 수명은 보장받은 바가 없다. 암 앞에 장사는 없고 '죽음과 암' 은 떨칠 수 없는 숙명이다. 암 치료는 폭탄선언과 같지만 그 중에도 살아남아 '희망의 꽃' 을 피우는 환자들이 있다.

'천사 부인' 으로 널리 알려진 데이나(44세)가 폐암에 걸렸다. 데이나는 영화 '수퍼맨' 의 주인공 크리스토퍼 리브가 9년간 전신마비로 투병하다 작년 이맘때(10월) 52세로 세상을 떠난 지 근 1년만에 자신도 환자가 되었다고 발표(8월 11일) 했다. 그녀의 헌신 봉사는 남편 곁에서 지극정성 병간호와 재활로 널리 알려졌다.

전신마비가 된 남편이 휠체어에 인공호흡기를 달고 투병하는 여러 해 동안 한시도 곁을 떠나지 않았다. 밝은 미소로 필요한 모든 일과 사람에 사회봉사를 했으며 남편 사후에도 그의 이름을 따서 만든 '크리스토퍼 리브 척추마비 연구재단' 회장을 맡아 활동했다. 지금 자신은 13세짜리 외아들 윌에게 의지하는 신세라고 말했다.

암에 걸린 사람들은 생과 사를 깊이 생각하지 않을 수 없다. 중병에 걸렸기 때문이다. 암은 밤에 찾아든 도적같이 인간을 약화시킨다. 그러나 암을 '거절' 할 수 있는 인간은 아무도 없다. 갑작스런 변화와 충격의 도전인 것이다.

의학적으로 암 환자는 3살부터 80세 노인까지 차별을 두지 않는다. 날개 부러진 제비마냥 어쩔 수 없는 절망이다. 암으로 사망하는 환자가 매년 수십만 명에 이른다. 하지만 성공적인 투병생활로 승리의 월계관을 쟁취하고, 득도한 사람들도 보았다. 홍부같은 사람을 만나 구제되고, 인생 앞에 무릎을 꿇고 겸허한 자세로 마음을 비우고 탐욕을 벗어버린 모습들이 성결해 보여졌다. 한번 '죽었다 산 사람' 들의 진솔한 말 한마디가 인상적이다.

필자가 전립선 암 치료를 받던 2001년 암센터에서 들은 말과 털고 나가는 환자들의 소감에는 세 가지 부류의 코멘트들이 있었다. 의사 말대로 죽음 한 발자국 앞에서 인간은 해, 달, 죽음의 세 가지 모양의 태도가 드러난다. 죽음 앞에서도 해와 같이 희망적이고 믿음이 강한 환자들과, 달마냥 원망과 비관에 속한 숙명적인 태도에, 죽음에 항복한 절망적 부류가 있다. 신비로운 것은 정신자세에 따라 결과도 그대로 되어진다는 것이다.

첫 번째의 긍정적 태도(해) 사람들은 퇴원소감에 "18년간 앙숙이던 아버지를 찾아가 용서를 빌겠어요"(딸 둘 둔 가정주부), "세계여행을 하면서 음식을 맘껏 먹는 파랑새가 될래요."(중학교 교사), 그리고 "감옥만은 결단코 갈 일이 아닙니다."(차 수리공), "미국은 아름답습니다. 나는 죽어도 여기서 묻히겠습니다."(중국식당 주인)

두 번째의 비관적 자세(달)는 "살다가 죽는다는 것은 알았으나 묻어줄 사람 하나 없네요."(보험가), "이 캄캄한 방안에서 마지막 시계추 소리만 셉니다."(피아노 반주자), "내 자식들이나 건강했으면 암에 얼룩진 족보가 덜 슬프겠지요."(변호사), "하늘도 저주스럽지만 죽기는 더 힘이 듭니다."(배우), 그리고 "쌍놈의 세상, 내가 없어져야 더 밝아지려나 봅니다."(택시기사)

세 번째의 절망파(죽음)들은 "암은 교통사고보다는 신사적이네요. 하직 인사할 시간까지 주니 말입니다."(주부), "나는 여행체질인데 행선지도 모르는 곳으로 떠나야만 하니 실망스럽네요."(여선생) 그리고 "우리 가족 중에 제일 오래살 수 있었으니 질긴 행운아가 아닙니까."(광부)

암 환자는 일단 염세적이고 배타적이며 포기성향이 심하다. 그리고 다 같이 묻는 말이 "어째서 그런 일이 나한테 생길 수 있나요"라고 항변한다. 급격한 변화가 몸, 마음, 정신에 오게 된다. 그러나 말기의 모습들은 천사와 같이 평온하다. 태풍이 지난 호수같이 잔잔하다. 노도광풍이 역설적인 죽음을 안겨줄지라도 영원한 새 삶을 확신하는 듯하다.

젊은 데이나의 폐암 투병에도 해와 같이 밝은 희망과 믿음이 생출할 수 있기 바란다. 아름다운 미소가 인간승리를 증명해주기 때문이다. 아픔과 상처를 이겨낸 웃음꽃은 넓게 향기롭다. 번뇌와 고통으로 성숙한 소감문들을 읽으며 인생이 부끄러워진다. 뭉클한 교훈이 여기에 있으니 말이다. 오늘을 흡족히 살자.

독서

열기가 식어 가는 9월이다. 세상 풍경이 잘 보이고 열매가 익어 가는 성숙한 계절이다. 또한 책을 읽고 생각하며 미소 짓는 사색의 계절이기도 하다.

불행한 방랑자들은 흔들리는 마음의 갈피를 잡지 못하고 시간 낭비가 심하다. 푸른 하늘도 못 본 채 이상과 망상이 한데 뒤엉켜 현실 착각 속에 불평을 고집하는 일도 흔하다. 세상사에 비판적이거나 부정적이고 냉담한 태도도 많이 본다. 자기 기분적인 방종과 무책임으로 흙탕물만 튀기는 자칭 지도자들의 추태도 심각해지고 있다.

마음의 고통, 번민, 분노로 앞이 어두울 때 책 한 권을 펴들 수 있는 사람은 멋지다. 행복하게도 보인다. 혼잡한 버스나 전철

속에서 책을 읽고 있는 모습은 듬직하다. 보고 난 신문을 옆 사람에게 권하는 친절은 조용한 명쾌감을 준다. 상투적인 기후나 개, 고양이의 인사보다는 그날의 토픽이나 특종기사에 관한 대화는 교양미가 있어 보인다. 가치관과 편견이 심한 인종, 지역, 세대간의 갈등과 알력을 해소하기 위해 책들이 쓰여지고 읽혀지는 사회는 희망이 있다.

독서는 인간이 발명해 낸 가장 중요한 공헌이다. 이 독서로 아집과 편견을 허무는 곡괭이가 되며, 털어 낸 자리에 새집을 짓는 흙손과 같이 존귀하다. 인류문명의 원동력은 독서력으로 가늠할 수 있다.

조지 W. 부시 대통령도 5주간의 하기 휴가 동안 텍사스 주 크로포트 자택에서 3권의 책을 읽을 것이라고 했다. 그가 들고 간 것은 마크 쿠란스티의 저서 '소금 · 세계의 역사' 와 에드바르드 라진스키의 '알렉산더 Ⅱ : 마지막 대 짜르', 그리고 존. 베리가 쓴 '그레이트 인플루엔자 : 참혹한 흑사병의 서사극' 등이다. 이로는 부족해 워싱턴 DC의 이그재미너 신문(8월 25일자 14면)은 전면에 걸쳐 많은 책들을 다시 권면하고 있다.

CEO들이 꼭 읽어야 할 책들로 삼성경제연구소는 다음의 도서들을 추천하고 있다. '미래를 경영하다' (톰 피터스), '경영이란 무엇인가' (조안 마그레타), '살아있는 동안 꼭 해야 할 49가지' (탄줘잉), '칭기스칸, 잠든 유럽을 깨우다' (잭 웨터포드), '생각의 지도' (리처드 니스벳), '백만불짜리 습관' (브라이언 트레이시) 등이다.

독서 취향도 변해가고 있다. 전자문화는 인터넷, DVD, 팩스 등을 바탕으로 홍수같이 쏟아지는 정보사회가 되었다. 독서환경도 책 문화와 더불어 획기적인 전자 변화에 선도적인 참여가 필요하다. 독서문화의 재도전이 되는 것이다.

2004년 한국인의 평균 독서량이 6.6권에 머물렀다는 최근 조사발표가 나왔다. 지금까지의 평균은 10.0권, 1999년 9.3권, 96년 9.1권이다. 통계청에 따르면 한국의 출판된 신간서적 7,800만 권(2003년)은 1997년보다 59%나 감소한 것이다. 독서량이 준 것과 동시에 즐겨 읽는 책의 종류가 문학류나 실용서적으로 쏠리는 현상이다. 문학류를 주로 봤다는 사람이 68.8%로 압도적이었으며, 경제 경영서나 건강, 요리 등 실용서가 17.4%를 차지했다. 전통적인 교양서적이나 인문과학서적 분야는 6.4%에 불과하다. 상상력이나 지적 창의력의 근간인 인문학의 인기가 하락하고 실용정보 분야가 급격히 향상되고 있다.

폭넓은 독서로 지식과 교양을 키워야 한다. 자기 두뇌를 경작해 나가는 지혜가 필요하다. 같은 밭에 한 가지 작물(씨)만 계속 심으면 땅 힘이 쇠하듯 좁은 분야의 지식에 근시안적인 사고만 고집하게 된다. 편협한 지식과 정신은 사회의 독소가 될 뿐이다. 폭넓게 교양을 쌓지 않으면 숲을 보지 못하고 나무만 보는 '바보스런 지성인' 으로 멍청한 발언만 한다.

어느새 하늘이 높아졌다. '독서의 계절' 이라고 하는 가을이 성큼 다가왔다. 집 앞의 조지 메이슨 지역도서관 열람실에는 어린이들이 컴퓨터 게임으로 운집해 있고, 성인들의 책 읽는 모습은 찾기 힘들다. 안타까운 일은 청소년들이 문 닫힌 도서관 앞에서 픽업할 가족만을 기다리는 초조한 모습들이다. 부모와 책을 마주하고 대화하는 눈길들이 아쉽다. 짐짝 부리듯 아이들을 도서실 앞에 쫓아 내밀고는 들여다보지도 않고 도망치듯 질주하는 그 '알량한 정성' 이 안쓰러운 것이다.

한인사회의 자긍심이 문화민족으로 인식이 되고, 역사 민족답게 그 정체성을 보듬어 나가야 한다. 인스턴트식의 커피나 라면같이 쉽게, 빠르게, 높게 성숙해질 수는 없지 않은가. 자랑스런 이민역사의 이미지 건설은 진솔한 자세로, 이민 올 때의 초심으로 돌아가야 한다.

가을은 독서로 성숙한 교양을 터득하는 아름다운 계절이 아닌가. 가을을 감사하자.

죽음을 향한 도전

사람들은 잘 살기 위한 처세술에는 민감해도 죽을 채비에는 느긋하다. 자신만의 예외를 기대해 보는 것일까. 생로병사, 늙고 병들어 죽는 것이 공식인데도 말이다. 생명보험률을 봐도 사람은 나면서부터 죽을 확률이 높아지고 값도 올라간다. 그러나 잘 죽을 수 있는 준비에는 낙제들이다. 생명체 가운데 인간만큼 죽음 이후에 집착하는 동물이 없다.

인종이나 국가마다 시신을 땅에 묻거나 태우지 않으면 날짐승의 먹이로 하는 장례절차가 다양하고 의식과 역사가 찬란하다. 부모에게서 받은 머리카락 하나 건드리지 않는다는 한국은 유교적 전통으로 매장을 고집해왔다. 조상 묘를 잘 써야 후손이 잘 산다는 풍수지리 사상도 산 사람이 살 땅도 좁은데 죽은 이

묻을 묘지를 마련해야 하는 나라 전체의 고민거리가 됐다.

고대 그리스 시대부터 죽음을 수학적인 3차원 문제로 대수, 기하 등의 해결법으로 시도해왔다. 죽음은 미지수일까. 죽음 뒤의 후편은 무엇일까. 삶의 총결산이며 열매가 될 수 있다. 죽음은 이 생에서 저 생으로, 그리고 안방에서 건넌방으로 옮겨지는 자리바꿈이라고도 했다. 인생평가는 죽은 뒤에 논해지는 것이다.

얼마 전에 경기중, 고등학교 동창회 명단을 받아보았다. 동기 동창들의 사진을 보니 1957년 때보다는 달라졌고, 사망자만도 480명 중에 100명이나 되었다. 정다운 인물들이 사라진 것을 보면 때가 무르익어 가는 것만은 사실이다. 다들 뽐내는 수재들이었고 전설적인 영재들이었는데 '아무 말 없이' 떠난 것만이 아쉬웠으며 분통하기까지 했다. 이민생활 40여 년이 원망스럽기까지 했다. 필자가 못 다한 우정과 진심이 아쉬우니 말이다.

빌리 그레이엄 목사(86세)는 뉴욕집회(2005년 6월 26일)에서 노아 이야기를 전하면서 "회개하고 죽은 뒤에는 천당에서 만납시다."라고 마지막 고별 설교를 마쳤다. 죽을 때가 다가왔어도 옹고집으로 헛된 치료에만 매달리고, 독한 약에 취해 굳은 혀로 가족들에겐 이별도 못하며, 무당에게나 애걸하고, 의료기계에 매달려 혼수상태로 있다가 죽는 안타까움도 많다.

죽음에도 권리와 의무가 있다. 의무는 깨끗하게 죽어주는 것이며, 권리는 인격과 품위를 겸비한 전설적 추억을 남기는 것이다. 막 살다가 아무렇게나 죽어버리겠다면 별 문제가 없다. 한 인생살이가 작품이나 그림으로 새겨질 때 '막가파식'이나 낙서로 묘사될 수만은 없다. 인간은 숨쉬는 인격체이며 올곧은 위상을 자녀와 친족, 친구, 이웃, 사회분야 등에 온당한 전설을 남겨 볼 만하다.

사람은 다 죽는다. 아쉽게 사라지는 사람도 많다. 덕망있고 고귀한 잘 죽기, 곧 '웰 다잉'(Well-dying)은 추한 인간의 참 살이 '웰빙'(Well-being)보다 숭고한 차원의 업그레이드가 된다. 가난하나 지혜롭고, 무식하나 당당하며, 재주 없으나 인정이 많고, 돈은 없어도 마음이 넉넉하고, 배가 고프면 남의 굶주림을 안타까워하고, 시력이 약해도 남의 음성을 듣고도 심중을 꿰뚫어 보고, 귀가 어두워도 마음속 음악을 듣고, 손발이 없어 뒹굴면서도 미소를 잃지 않는 긍정적 정신, 출신은 미천하나 남을 돕는 고귀한 정신의 소유자, 말재주는 없어도 거짓말은 안 하는 사람, 흉악범이라도 길가의 장미 향기에 도취할 줄 아는 착한 심성의 소유자, 그리고 고속도로의 고장난 차를 비 맞으며 수리해주는 사람들은 모두 '웰 다잉'의 가치와 자격이 있다.

늙은 노인들을 짐짝같이 윽박지르는 '치료'(Cure)보다는 죽기 전의 '요양'(Care)에 자상한 배려가 중요한 것이다. 사람은 나날이 늙어지며 죽어가고 있다. 배우 엘리자베스 테일러(72세)가 병상에서 "나도 이제 불쌍한 꼬부랑 할머니예요" 하지만 "다가오는 죽음은 두렵지 않아요. 무엇보다 멋진 추억이 있지 않아요" 라고 되물었다.

인생 황혼의 저녁노을은 삶의 발자국을 남긴다. 옛 어른들 말씀에 "배꼽에 두 손 모으고 관에 들어갈 때까지 남 잘못을 꾸짖지 마라. 제 허물이 더 크다" 했다. 하나님이 준만큼 목숨을 건사하는 일은 그렇게 힘들고 덧없다. 기왕이면 아름다운 생의 기록을 남기지 않겠습니까?

바둑 생각

바둑의 인기는 불과 같다. 불을 피울 때는 쉽게 볼 수 있으나 꺼져가는 불은 아쉬움만 남긴다. 서울 거리에 기원이 사라진 것을 보았다. 옛날에 찾던 기원들은 흔적도 없다. 인기가 사라졌다는 것이다.

물어보니 '밥그릇 싸움의 희생물'이 되었다는 것이다. 늙은 노인들만의 전리품이 되어 기득권과 텃세로 수입 확보의 폐습에 몰락했다고들 한다. 한 유단자는 "한국 바둑의 위기라기보다 재앙이 다가오는 위협을 느낀다"고 말한다.

한국 바둑은 세계 패권을 장악한 지 오래다. 바둑을 도(道)로 숭앙하는 일본을 꺾었고, 5,000년 역사를 자부하는 중국도 돌을 던지고 무릎을 꿇고 말았다. 마침내 한국에는 바둑이 '스포츠'

가 되어 대학의 교과목으로 설정되고 인터넷과 TV의 정규 프로그램이 되었다. 청소년 · 소녀의 환상적인 희망 분야로 대두되었고, 청룡왕전의 중계는 일간 신문의 톱기사로 취급되었다. 백발 성성한 어르신들에서 10여 살의 어린이들까지 신(神)과 묘기를 겨루는 예술과 철학으로 헛기침 소리와 착점 소리가 한인 사회의 자존심이 되었다.

전통적으로 한국 바둑은 선비문화다. 숱한 천재들이 무궁무진한 묘수에 철학과 예술성을 불붙여 왔다. TV나 인터넷은 상금과 정상 쟁탈에 흥분했다. 사실 자유롭게 집을 차지하는 바둑판은 가로, 세로 19줄씩 얽혀서 착점이 361개뿐이지만 무한한 묘수와 천리 앞을 보는 안목은 경이롭다.

아쉬운 일은 승패가 끝나고 나면 고개만 푹 숙이고 헤어지는 매너는 너무나 무정한 표정이다. 상대편(적수)과의 상호존중이나 예의가 부족한 인상을 받는다. 태권도 대련서 볼 수 있는 기본 인사는 필요하지 않을까. 상금과 수입에 집착하다 보면 골프 수입과도 비교한다. 정신운동을 육체적인 것에 비교하는 자세가 가상할 뿐이다.

한국의 바둑 교실은 지난 10년 만에 1,500개에서 600개로 감소했다. 한국 기원은 총 연수생이 남자 120명뿐이고 매년 남자 8명만 입단시키고 있다. 유소년 · 소녀 팬이 준다는 것이 암울한 장래의 신호다. 노인들의 전리품이 되지 말고, 한국 기원에만 매달릴 필요 없이 다른 바둑 단체를 만들어 경쟁심을 고취시킬 필요가 있다는 것이다.

젊은 기사들은 각고의 노력이 허사 되지 않고 좁고도 험난한 입단의 길이 많이 열려야 한다. 남녀 연수생들이 14, 15세에 바둑을 포기해야 하는 비극이 안타깝다. 청소년에겐 희망과 기회만이 필요하다. 자존심을 먹고 사는 참다운 기사들에게 '밥그릇'이나 상금이 기성세대의 집착 같지는 않다. 오히려 승부전선에 매료되어 있다. 프로와 아마의 오픈대회들이 활성화돼야 한다.

바둑이 과연 사라질까? 서양 사람들도 체스보다는 바둑이 고차원적 정신수양이라고 한다. 컴퓨터 게임도 손들고 만 바둑 현실이다. 미국 시카고에서 태어나 독학으로 체스 챔피언(14세)에 올라 8연패한 '미국의 영웅'이 64세를 일기로 타계했다. 바비 피셔는 말년에 "부시와 고이즈미는 교수형에 처해야 할 전범"이라고 주장하고, 해외에서 작고하면서 동양의 바둑문화를 동경했다.

바둑은 치매 방지뿐만 아니라 맛깔스런 선비자세와 품위(신사도)를 갖추고 있다. 백발 성성한 어르신들의 손자 교양에도 한 수 도움이 된다. 기풍이 아쉬운 세상이 되었으니 말이다. 좁쌀만한 기득권과 교만을 버리면 호박만한 이득이 굴러든다. 찬란한 바둑 바람을 잊지 말자.

졸업 50주년 기념에 즈음하여
「누구시더라」

내 친구야
뛰 놀며
장난을 설치던
잊지 못할 위인들

세 살은 화살 같이 빨리 날아갔고
시간의 무게는 무거워
50성상의 뒤안길서
추억을 돌아보니

부산대신동서 체신부 가교실로

덕수교정에서 화동언덕으로 올라

도너스 먹기 시합에
흔한 자장면 집 내 집처럼 드나들고
걸 후렌드 꼬시던 태극당
경기 · 이화 · 숙명의 어린 규수들
주름잡던 풍류남아
그대는 누구시더라

봄꽃잎 같이
가을 낙엽인양
겨울 눈꽃으로
빛깔도 향기도 꽃잎도 없이 사라지나

찬란한 나라 동량들이
찬란한 나라 동량들이
반장의 출석부가 두려울까
결석부냐 살생부일까

순백의 선비정신은
'진충보국' 으로
황혼길서 빛바랜 졸업장만 깃발처럼 나부낀다.
북망산 등반길
발자국에 미소지으며
그대는 누구시더라.

사람을 번다

웅변은 대개 목소리가 쩌렁쩌렁한 정치인들의 전유물이지만 때로는 조용한 대화가 웅변보다 더 큰 감동을 주는 경우가 있다. 촌철살인의 내용이 들어 있을 때 더욱 그렇다.

최근 필자는 한 사업가 할머니로부터 '조용한 웅변'을 들었다. 수수한 시골 노인처럼 보이는 그 할머니는 애당초 살림을 꾸려나가기 위해 시작한 돈벌이가 성공을 거두며 작은 고향 도시의 발전을 도왔고 지금은 지구촌 경제의 활성화에 이바지하고 있지만 "새삼 돈벌이보다 사람 벌이가 중요하다는 것을 느낀다"고 조용조용하게 말했다. 이 할머니가 바로 월마트의 소유주이며 여성으로서는 세계에서 최고 갑부인 헬렌 월튼 여사다.

서비스 업체로는 처음으로 천하제일의 기업으로 부상한 월마트는 작년 총 매출액이 2천2백억달러로 1년 전에 배해 10.3% 증가했다. 월마트와 유사한 업종이며 시애틀에 본사를 둔 코스트코의 매출액도 같은 기간에 8% 증가했으나 시어스는 -3.1%, 갭스는 -1.7%로 각각 마이너스 성장을 기록했다. 최근에 월마트의 경쟁업체이며 업계의 선두주자였던 k마트가 오랜 부진끝에 마침내 파산신청을 내 월마트는 대량 유통 소매업계에서 독야청청 하게 됐다. 월마트는 주식도 지난 10월의 50달러에서 63달러로 상향세를 보였다.

전 세계에 4,150개의 체인점을 보유한 월마트는 3차산업이 미국경제를 본격적으로 주도하게 될 새 시대의 신호탄으로 보여지고 있다. 아칸소 주의 벨튼빌에 본사를 둔 월마트는 40여년 전 샘 월튼의 할인점에서 출발, 파격적인 가격인하로 아시아와 유럽, 아프리카 등 세계 곳곳으로 판매망을 넓혔고 지난 20여년간 해마다 10% 이상의 성장률을 기록해왔다.

작고한 샘 월튼은 군에서 제대한 후 일거리를 찾아 작은 마을을 헤집고 다니다가 학교에서 만난 헬렌과 결혼했다. 싸구려 생필품을 파는 소매상으로 사업을 시작했다가 치열한 경쟁을 못 견뎌 캘리포니아로 이사하는 우여곡절도 겪었다. 고향으로 다시 돌아온 샘과 헬렌은 돈을 벌기에 앞서 먼서 손님과 고용인들이 만족하는 기업 분위기 조성에 힘썼다. 지금도 "내가 사고싶지 않은 물건을 월마트에서 팔지 않는다"는 헬렌은 사치스런 물건을 팔지 않으니 고객들의 선택폭이 좁아지는 듯해서 미안하다고 말한다. 그녀는 "욕심을 내면 소금물을 켜듯이 갈증만 증폭돼 비즈니스를 망치고 만다"는 교훈도 들려주었다.

필자는 헬렌이 세계에서 가장 돈 많은 여성인 줄은 꿈에도 모르고 지난 6년간 미국 장로교회의 재단 이사로서 함께 일을 봐왔다. 그녀는 대학교육과 박물관, 예술, 여성지위 향상 등에 깊은 관심을 보였다. 다른 이사들과 함께 식탁에 둘러앉아 대화할 기회가 여러 번 있었는데, 특히 박물관 전시회 때 필자에게 포도주를 한 병 사준 친절을 잊을 수 없다.

오클라호마에서 재정학을 전공한 헬렌은 항상 정직을 소중하게 여기며, "성실은 가장 확실한 투자"라고 입버릇처럼 말한다. 샌프란시스코의 차이나타운에 2백만달러를 기증한다기에 그곳 중국인들을 잘 아느냐고 물으니 '정직하고 부지런한 사람들 같지 않느냐' 고 반문했다. 그녀는 중남미 학생들에게 장학금을 지급하는 등 세계 각처에 많은 기부금을 보내고 있다. 여느 할머니들처럼 4명의 자녀, 10명의 손자손녀들을 끔찍이 사랑하는 헬렌의 생활철학은 '자식은 사랑으로 감싸고, 세상은 따뜻한 눈으로 바라본다' 는 것이다.

헬렌은 월마트가 고용인들을 능력 본위로 채용하되 일단 고용하면 곧 한가족으로 대우한다며 돈벌이보다 소중한 것은 역시 '사람을 버는 것' 이라고 강조했다.

한인 사회에도 헬렌처럼 돈보다 사람을 버는 기업인들이 많아지기를 기대한다.

주는자의 기쁨

착한 행실은 사랑과 자비의 발로이며 인간의 본능적 행위이다. 위대한 사람일수록 사사로운 욕심이 적고 남을 위해 선한 일을 많이 하며, 따라서 삶의 구상도 크다. 독일 철학자 칸트는 인생은 선을 행하기 위해 지음 받았다고 말했다.

성경엔 받는 사람보다 주는 사람에 복이 있다는 말이 있고 강도를 당해 거의 죽게 된 유대인을 자기 주머니 돈을 털어 도와준 사마리아인의 예기도 나온다. 그래서 '선한 사마리아인(Good Samaritan)' 은 오늘날에도 선행하는 사람의 대명사로 쓰인다.

지난해 미국 경제가 하강국면에 접어들었지만 미국인들의 자선행위는 어느 해보다 눈부셨다. 백악관 경제자문 위원회의 보고서에 따르면 지난 해 미 국민의 기부 활동은 30년래 최고치를 기록, 국민 총생산(GDP)의 2%를 넘는 액수로 나타났다. 클린턴 대통령도 지난 크리스마스 날 라디오 방송을 통해 미 국민의 기부금이 사상 최고 액수인 1천 9백억 달러에 달했다며 감사를 표했다.

워싱턴주에서도 빌 게이츠나 폴 앨런 같은 갑부들이 가난하고 소외된 이웃들을 위해 억대기부금을 내놨다. 구세군 자선냄비에 1백만달러가 넘는 큰돈을 넣고 간 사람도 있었다. 얼굴 없는 작은 천사들의 미담은 수도 없이 많았다.

미국인들은 추수감사절 직전인 11월 19일을 '자선의 날' 로 정해놓을 만큼 기부 의식이 몸에 배어 있다. 기부금뿐 아니라 몸으로 때우는 자원봉사 활동도 자선행위에 포함된다. '일주일에 5시간, 자기 수입의 5%를 기부하자' 는 뜻의 'Give Five' 캠페인이 전국적으로 벌어진다. 이 때문에 미국인들의 연간 기부금 총액은 해마다 1천억 달러를 훨씬 상회한다. 정부가 거두어들이는 세금의 5분의 1 정도에 해당한다.

한국인은 원래 정이 많은 민족이다 '십시일반' 이라는 말이 있을 정도로 어려운 이웃돕기가 생활화되어 있다. 그런데도 미주 동포는 미국인들의 '주는 문화' 에 쉽게 동화되지 못하는 것 같다. 대부분의 한인 업주들은 "세금 내기도 바쁜데 어떻게 기부금까지 내느냐" 반응을 보인다. 벌리는 손이 너무 많아 곤욕이라는 이들의 말에도 일리는 있다. 각종 단채로부터 시도 때도 없이 기부금품 요청이 쇄도하기 때문이다.

한 가지 반가운 사실은 한인 사회단체들과 한국일보가 해마다 연말연시에 벌이는 이웃돕기 캠페인을 통해 올해에도 1만달러 이상의 기부금이 모아졌다는 점이다. 이 성금의 대부분은 말 그대로 십시일반의 작은 정성이었고 이름을 밝히지 말아달라는 기부자도 상당히 많았다고 보도됐다. 왼손이 하는 일을 오른 손이 모르게 해야 하는 것이 선행이다. "선행을 자랑하는 사람은 실제로 한 일이 별로 없다"는 프랑스 격언도 있다. 자화자찬 하면 선행 자체가 초라해진다.

이웃돕기가 실천되지 않는 사회는 불안하다. 7년전 LA 폭동 때 한인 업소들이 방화와 약탈의 표적이 됐던 것이 좋은 예이다. 하지만, 마음 없이 재물만 주는 행위는 결코 선행이라고 할 수 없다. 거지에 적선하듯 해서는 오히려 사회 병폐만 조장될 뿐이다.

한인들도 자선행위의 차원을 높일 필요가 있다. 남을 위해 자기의 시간과 금품을 기꺼이 기부하는 미국인들을 본받으며 주는 자의 기쁨을 누리자. 신학자 플레쳐는 "하늘의 가장 큰 속성은 자비"라고 했다.

세밑의 사색

한해가 지날 때면 바쁜걸음도 주춤해진다. 미처 들어보지 못했던 모차르트나 차이코프스키의 음악과 볼 수 없었던 꽃들도 눈에 들어온다. 들을 수 없었던 즐거운 음성들이 합창과 같이 화음으로 들려진다. 얼마전 육군 사관학교(웨스트 포인트)를 방문하러 뉴욕에 갔던 길에 9.11 테러 참사현장인 '그라운드 제로' 도 둘러봤다. 두 곳에서 받은 인상은 너무나 충격적이고 대조적이었다. 선과 악, 희망과 절망의 극명한 대비였다.

미국 내 모든 명문대학이 그렇듯이 웨스트 포인트에도 많은 한인 학생들이 재학하고 있다. 필자는 1백여명의 전체 한인생도 중 몇 명과 만나 잠시 사사로운 얘기를 주고 받을 수 있었다. 모두들 눈동자가 또릿또릿했고 묻는 말에 긍정적이고 확신에

찬 대답을 했다. 자세도 매우 도전적이었다. 사관학교 교훈인 의무, 명예, 그리고 조국을 위한 충성심이 몸에 넘쳐흘렀다.

원래 웨스트 포인트는 독립전쟁 당시 조지 워싱턴 장군의 총사령부로 사용됐고(1779년) 토마스 제퍼슨 대통령에 의해 육군사관학교로 개편(1802년)된 뒤 미국을 국가적 위기에서 건져낸 수많은 지도자를 배출해왔다. 언젠가 한인 사관생도들 가운데서도 맥아더나 아이젠하워 같은 위인이 배출되지 말라는 법이 없다는 희망을 안고 웨스트 포인트를 떠났다.

나의 그런 들뜬 기분은 '그라운드 제로'에 도착하자 제로로 떨어졌다. 테러범들의 납치 비행기에 의해 허리부분이 폭파돼 무너져 내린 무역센터 쌍둥이 빌딩의 참혹한 잔해를 보면서 사람이 이 정도까지 악독해질 수 있구나라는 비관을 떨쳐버릴 수 없었다. 사람의 본성은 원래 악하기 때문에 이를 방치하면 사회가 혼란해지므로 예의로서 교화해야 한다는 순자의 성악설(性惡說)이 일리가 있다고 생각됐다.

성악설이 맞든 성선설(性善說-맹자)이 맞든 나는 개의치 않는다. 인성은 동전처럼 선악의 양면이 있으며 웨스트 포인트의 한인 생도와 맨해튼의 그라운드 제로가 지리적으로 멀지 않듯 선과 악도 본래 가까운 곳에 공존한다는 것이 내 생각이다. 연말을 며칠 앞두고 새삼 터득한 교훈인 셈이다.

두 곳을 둘러보고 온 뒤 넓은 지구촌에서 혼자만 잘 살려고 발버둥치는 사람들이 얼마나 허망되고 가소로운 것인지를 절감했다. 세계 유일의 초강대국도 한줌 악의 무리에 의해 미증유의 대재앙을 맞았다. 개인도 마찬가지로 유아독존일 수가 없다. 부유하고 고결한 위치에 있을수록 어렵고 천한 이웃들을 돌아보는 현명한 처신과 자기 관리가 필요한 것이다.

세계의 평화와 공공질서를 유지하려면 지구촌 사람들 사이에 동지애, 희생정신, 의사소통이 있어야 한다. 규모가 훨씬 작은 한인사회의 질서와 평화 유지도 마찬가지라고 생각한다. 어디든 선과 악은 공존하게 마련이다. 한인들 사이의 사랑, 이해, 협동, 단결이 아쉽게 느껴지니 말이다.

새해엔 우리들의 삶이 한인사관생도들처럼 더욱 올곧았으면 좋겠다. 매사 의무와 명예와 충성을 바탕으로 처신한다면 밝아오는 새해는 더욱 살만한 세상이 될 것이기 때문이다.

상도

오랜 경기위축으로 한인들의 주름살이 깊어지고 있다. 너나 없이 경기회복을 염원하지만 침체국면은 요지보동인 것 같다. 시애틀의 전화 서비스를 거머쥐고 있는 큐웨스트 같은 대기업마저 몰락한다는 소식이다. 이처럼 암울한 경제 국면을 반전시킬 묘안을 가진 경제학자가 나타난다면 내년 노벨상은 따 놓은 당상일 것이다.

필자는 경제학도가 아니지만 본래 경제학의 효시는 '국부론'과 '일반 이론'이라고 들었다. 스코트랜드 태생으로 고전 경제학의 태두가 된 아담 스미스는 1776년 '국가들의 부의 성질과 원인들에 대한 연구(국부론)'를 발표했고 그로부터 160년 뒤 캠브리지 태생인 존 메이네트 케인스가 경제학의 경전으로 일

컬어지는 '고용, 이자 및 화폐의 일반이론(일반이론)' 을 펼쳤다. 공교롭게도 이들 두 사람은 6월 태생으로 만약 지금 살아있다면 우리가 겪는 불경기를 타파할 수 있는 새로운 경제이론을 내놨음직도 하다.

경제를 학문으로 승화시킨 스미스는 부의 원천을 노동에 두고, 생산의 기초를 분업에서 찾았으며, 자유경쟁을 통한 자본 축적이 국부를 늘리는 지름길이라고 했다. 근대인의 이기심에 기초한 자유경쟁이 '보이지 않는 손' 에 이끌려 사회전체의 이익을 늘린다고 주장한 국부론은 경제적 자유주의의 선언서가 됐다. 케인스는 1930년대 대공황의 대량 실업을 배경으로 한 일반이론에서 고용을 늘리려면 자유방임주의를 폐기하고 유효수효를 창출하기 위해 공공지출 등 정부의 개입이 필요하다고 역설했다. 정부가 조세, 화폐, 금융, 재정 등 경제 전반에 걸쳐 간섭할 것을 종용한 일반이론은 수정자본주의의 선언서로 지목된다.

국부론과 일반이론까지 참조하며 기업을 운영해야 하는지 문외한인 필자는 가늠할 길이 없지만, 어쨌건 과감한 경영전략으로 기업의 적자를 흑자로 전환시킨 젊은 중국계 여류 최고 경영자가 화제가 되고 있다. 에이본 화장품회사의 안드리아 정(43세) 사장은 회사에 채용되자마자 타고난 설득력과 수정 자본주의적 착상으로 시장개척에 착수했다.

정 사장은 현재 143개국에서 뛰고 있는 350여만 명의 판매원을 총괄하며 이들을 통해 연간 6조달러의 매출액 달성을 전망하고 있다. 중국시장(1998년 매출액 4천만 달러)에서만 1억달러 매출을 목표로 하고 있다. 주식도 21% 상승, 주당 57달러에 거래되고 있다.

특히 판매원의 98%가 여성인데 이들 중 37만여명이 유방암의 위험성을 스스로 인식하고 모금운동을 벌여 한해동안 1,370만 달러를 모았다. 첫 모금 캠페인으로는 기록적으로 많은 이 모금액은 항암 연구와 교육 및 치료기술 증진에 쓰여진다. 소수계 여성, 특히 흑인여성들이 왜 백인보다 유방암 발생율이 높은 것인지도 연구 대상 가운데 하나다.

유방암 캠페인이 화장품 판매를 위한 전략이라고 단언하기는 어렵다. 정사장의 할머니도 63세에 유방암 진단을 받고 1년 만에 사망했다. 이 할머니의 결단으로 정사장은 15살 때 가족과 함께 싱가포르에서 토론토로 이민왔으며 그 뒤 다시 보스턴 지역의 웰스리로 이주했다. 현재 정사장 자신의 나이가 유방암에 조심해야 할 연배인데다 유전적 요소까지 지니고 있어 유방암 예방에 누구보다도 신경을 쓰고 있을 것이다. 그녀의 화장품 판매원을 통한 유방암 모금 캠페인은 상술을 넘은 인도적 발상이었을지도 모른다.

돈만 벌려고 장사했다가 극심한 경쟁을 자초해 쓰러진 기업이 수두룩하다. 정사장의 속보이지 않는 시장전략을 보며 사업은 소비자와 동고동락하며 정을 연결하는 공공 서비스임을 인식하는 것이 필요할 듯 하다. 그것이 바로 '상도' 일 것이다.

아름다운 삶

벌써 추석이다. 예나 지금이나 휘영청 밝은달을 바라보노라면 어린 시절 자라났던 고향생각도 나고, 성묘를 못해드리는 조상들께 죄송한 마음도 든다. 특히 금년 추석은 불과 1년전 9.11 테러로 비명에 간 수천명의 무고한 죽음을 생각하며 삶의 가치관을 되새기게 된다. 인류 역사에 오명을 남긴 테러범들의 삶은 하루살이 만큼도 값어치가 없지만 반대로 남을 위해 살며 유한한 생명을 바르게 쓰고 간 사람들은 죽어서도 존경받는다.

마치 남을 위해 살려고 태어난 듯 평생 땀을 흘리며 노력한 사람, 그 노력을 사후에 크게 인정받는 두 사람이 있다. 이달에 사망한 알베르 슈바이처는 알자스의 카이저스부르크에서 태어났으나 독일 영토였던 알자스가 제1차 세계대전 이후 프랑스로 넘어가면서 슈바이처도 독일인에서 프랑스인이 됐다. 칸트 연구자이자 신학자이며 바흐 연구자이자 탁월한 오르간 연주자였던 슈바이처가 세인의 존경을 받는 것은 그가 다재다능한 천재였기 때문이 아니라 평범한 의사로서 아프리카에 들어가 박애주의의 의료활동을 펼쳤기 때문이다. 프랑스령 가봉공화국을 중심으로 벌인 그의 의료활동은 30대에 시작돼 노년까지 이어졌다.

선진문명의 유럽에서 누릴 수 있는 안락한 생활을 박차고 오지인 적도 아프리카에 가서 가난하고 무지막지하며 불결하기까지한 환자들과 거의 한 평생을 지낸다는 것은 아무나 할 수 있는 일이 아니다. 슈바이처는 40대 이후 '원시림의 성자'로 불리며 괴테상을 수상하고 아카데미 프랑세즈 회원이 됐으며 마침내는 노벨평화상을 받았다.

슈바이처의 인도주의는 유색인에 대한 백인의 시해라는 부정적 측면도 없는 것은 아니다. '인도(人道)의 전사'인 슈바이처가 흑인 환자들을 자신과 대등한 친구로 대하기보다는 동정을 베풀어야 할 하급 인종으로 여겼다는 것이다. 일부 슈바이처 비판자들은 그가 항일투쟁인 중국 공산당원들의 친구로서 그들을 치료했던 캐나다 출신 의사 노먼 베순과 달랐고, 스스로 제3세계출신 의사로서 제3세계 민중의 해방을 위해 아예 청진기를 내던지고 총을 들었던 체 게바라나 프란츠 파농과도 크게 다르다고 주장한다.

세계 최초로 의학에 화학적 개념을 도입한 의화학의 원조로 추앙받는 파라셀수스는 스위스의 아인지델른서 1493년 9월 24일 태어났다. 바젤대학서 공부한 뒤 1526년 시의 공인의사 겸 교수가 된 그는 그러나 의학에 대한 개념이 너무 혁신적이어서

두해 뒤 바젤에서 추방당했다. 중세 암흑기를 살았던 파라셀수스 역시 점성술이나 연금술을 자기 의학의 한 뿌리로 삼았다는 비판을 듣지만 그는 산화철 · 납 · 구리 · 수은 · 아티몬 · 비소 등의 금속들을 의약품의 원료로 사용해 '근대 약학의 아버지' 로 불린다. "세상의 모든 약은 독이고 약과 독의 차이는 그 사용량일뿐" 이라는 그의 유명한 말은 약학은 독성학과 동전의 양면을 이룸을 시사해 주고 있다. 파라셀수스는 또 수은 · 유황 · 소금이 물질계의 근본이라는 '3 원소설' 을 주창하며 학문으로서의 화학을 태동시켰다.

자기가 가진 천부의 재능을 속히 발견하는 것도 중요하지만 그 재능에 땀까지 보태가며 인류복지를 위해 봉사한 이들의 가치관이 참으로 아름답다. 역경을 만나도 끝내 전화위복으로 만든 이들의 도전정신은 우리의 귀감이 아닐 수 없다.

동포사회 안에서도 남에게 누를 끼치거나 해을 입히는 사람들을 볼 수 있다. 이들은 약삭빠른 수지타산을 삶의 가치관으로 삼는다. 육신의 향락과 편의를 위해 남에게 해를 끼치는 사람들의 종착역은 뻔하다. 자멸인 것이다.

남에게 덕이 되는 사람들의 희소가치가 점점 더 높아지는 것은 바람직하지 않다. 진솔하고 우직한 농부들의 삶의 가치관이 귀하게 여겨진다. 한인사회는 항상 추수할 일은 많은데 일손이 부족한 상황이다.

애국의 꽃

추석이 지난 중추가절에 단풍보다 더 고운 꽃들이 미 전역에 만발하고 있다. 적 · 청 · 백 3색의 이 꽃은 들이나 산보다 민가와 관공서 건물 처마 밑에 흔히 자리잡는다. 거리를 달리는 자동차에도, 바다에 뜬 페리에도 어김없이 나부낀다. 지붕이나 잔디밭 전체를 이 꽃으로 채색한 집도 있다. 지난주엔 세이프코필드 관중석 전체가 온통 이 꽃으로 뒤덮였다. 테러범의 가미가제 공격으로 무너진 뉴욕의 세계무역센터 폐허에서 이 꽃은 가장 아름답게 피어났다. 이 꽃의 이름은 성조기, 꽃말은 '애국'이다.

나라 사랑은 본능인가? 철저하게 개인주의적인 미국인들, 특히 배달민족만의 나라인 한국과 달리 잡다한 인종과 세계 각국 국민이 뒤섞여 사는 미국에서 이처럼 애국심이 만발하는 것은 참으로 경이롭다. 역사상 처음으로 본토를 침공당한 데 대한 충격 때문일까? 아니면 테러범들의 게릴라 공격에 허를 찔려 세계 최강국의 자존심이 구겨진 때문일까?

테러는 인류역사의 암적 존재였다. 1798년판 프랑스 사전에 이미 테러는 '타인에 대한 조직적 폭력의 사용' 이라고 정의되어 있다. 테러는 마피아 같은 범죄단체의 세력확장 수단이었고 공산 독재 정권의 통치 수단이었다. 종교의 색깔을 띈 테러도 있다. 구교인 아일랜드와 신교인 북아일랜드 사이엔 폭탄테러가 다반사로 일어난다. 이스라엘과 팔레스타인은 테러가 일상화되어 있다. 한 쪽이 테러를 당하면 반드시 피의 복수를 감행한다. 견원지간인 이들은 알고 보면 4천년전 유대인 조상인 아브라함을 한 아버지로 둔 형제들이다. 이스라엘 사람들은 정실 소생인 이삭으로부터, 팔레스타인 사람들은 서자 출신인 이스마엘로부터 각각 뿌리를 내렸다.

동족간의 테러는 한인들에도 결코 생소하지 않다. 일요일 아침에 터진 한국동란은 물론 그 후 반세기에 걸친 냉전기간을 통해 북한으로부터 크고작은 테러를 수없이 당해왔다. 여자 공작대원 김현희(북한 노동당 대외정보 조사부 소속)의 KAL기 폭파사건(1987년 11월 28일)과 강만철 대위가 낀 북한군 정찰국 특공대의 미얀마 아웅산 국립묘소 폭파사건(1983년 10월 9일) 등이 대표적인 예이다. 테러 때마다 반공 궐기대회가 요란했던 기억이 난다.

9.11 테러사건 이후 3주가 지났지만 미국인들의 애국심은 식을 줄을 모른다. 언론은 국민들에게 '미국의 정신(American Sprit)' 을 고취시키고 있다. 자원 입대 열풍이 불어 모병사무소

를 찾는 청년들이 평소의 4배 이상 늘었다. 적십자사는 사건 하루만에 전국에서 17만명의 헌혈을 받았다. 아직도 1백 70여만명이 헌혈 차례를 기다리고 있다. 전국적으로 추도예배, 모금운동, 음악회 등이 열리고 있고 자원봉사자도 차고 넘친다.

한인들도 성조기를 내걸자. 희생자 돕기 성금 캠페인에 참여하자. 그래서 애국의 꽃향기를 이웃에 전파하자.

응원

미국에 사는 재미 가운데 스포츠 경기 참관을 빼놓을 수 없다. 요즘은 한국에도 프로 스포츠가 많이 생겼다지만 필자는 젊었을 때 고작 학교대항 경기나 열려야 운동장에 갔었다. 라이벌 학교와 경기가 있으면 전교생이 며칠전부터 운동장에 모여 응원 연습을 했던 기억이 난다. 고려대와 연세대가 벌이는 연-고전(또는 고-연전)의 응원은 가히 전국민의 볼거리였다.

스포츠 참관의 매력은 경기관전 자체에 그치지 않는다. 스탠드를 메운 관중과 함께하는 일체감이야말로 스포츠 참관이 아니면 얻기 어려운 체험이다. 방구석에서 혼자 앉아 TV중계를 시청하는 것과는 천양지차다. 미국인들은 경기장에 못가면 스포츠 바에라도 가서 다른 사람들과 시끌벅적하게 어울려 TV중계를 시청하는 것으로 스트레스를 푼다.

시애틀 시민들은 매리너스 야구팀, 시혹스 풋볼팀, 수퍼소닉스 농구팀을 열렬히 응원하다. 이유는 단지 홈팀이라는 것뿐이다. 특히 금년 시즌 들어 사상 최고 성적을 올리고 있는 매리너스는 시애틀 시민들의 큰 자랑이다. 예년에 텅텅 비었던 구장이 금년 시즌은 연일 만원사례다.

시애틀 지역 한인들의 매리너스 사랑도 눈에 띄게 불거졌다. 지난 달 세이프코필드에서 열린 금년 "코리안 나이트" 경기에 7백명 이상의 한인 팬들이 몰린 것으로 보도됐다. 이들은 "오늘 저녁 경기는 서북미 지역 최대 한국계 일간지인 한국일보가 주최합니다."라는 장내 안내방송과 함께 한인 토니 장씨의 시구를 보며 가슴이 뿌듯해짐을 느꼈다.

이치로 스즈키, 브렛 분, 에드가 마르티네즈가 장단타를 때릴 때마다 우레처럼 터지는 함성, 오르간 연주에 맞춰 치는 박수, 일사불란한 파도응원(wave) 등도 역시 경기장에 직접 가지 않고는 못 느끼는 재미다.

이처럼 신나는 매리너스 경기가 한 주일간 열리지 못했다. 뉴욕과 워싱턴 DC에서 일어난 천인공노할 테러사건 이후 자숙 분위기가 팽배한데다 경기장을 대상으로 하는 또 다른 테러의 위험성이 제기됐기 때문이다. 그러나 팬들의 응원마저 사라진 것은 아니다. 오히려 응원열기는 더 뜨거워졌다. 대상이 매리너스라는 일개 구단에서 나라(미국)로 거창하게 승화됐다.

시애틀은 물론 미 전국이 온통 성조기 물결이다. 국기는 두말할 나위 없이 애국심의 표징이다. 전국에서 성조기가 평소보다 15배나 빠른 속도로 팔려 점포마다 동이 났다. 월마트에서만 지난 한 주간 25만매나 팔렸다. 인터넷을 통해 폭 3피트, 길이 5피트의 보통 크기 성조기를 58달러나 주고 구입한 사람들도 있다. 지금처럼 미국인들이 조국을 응원한 적도 드물다.

응원으로 스포츠 경기나 조국에만 보내는 것이 아니다. 가정과 사업체에 적용해도 놀라운 힘을 발휘한다. 한인사회에서 자주 문제되는 가정분란과 사회단체의 알력도 가정과 사회의 구성원들이 응원단이 되면 쉽게 풀 수 있다. 나무에 올려놓고 흔들기보다는 나뭇가지에서 낙상하지 않도록 성원하고 격려해주는 자세가 바람직하다.

우리 모두 응원단이 되자. 가족을 응원하고 한인사회를 응원하고 한국과 미국을 응원하자. 집집마다 성조기를 내걸어 어려운 처지에 놓인 미국을 한인들이 한마음으로 응원하고 있음을 보여주자.

인간 토마스

황금을 돌 보듯 하라는 건 고려말 충신 최영 장군의 말이다. 마치 1천년 후 대통령의 아들들이 겪을 오욕을 미리 예고한 경구 같지만, 이는 권력자가 아닌 장사하는 사람들도 좌우명으로 새겨둘 만한 교훈이다. '학살장(killing field)' 으로 비유되는 살벌한 경쟁의 기업풍토에서 살아남는 길은 역설적으로 돈을 돌 보듯 하는 것일 수도 있기 때문이다.

비즈니스는 규모가 크든 작든 업주의 온당한 마음자세에 성패가 좌우되는 듯하다. 세계 최대의 햄버거 체인인 맥도널드는 감자를 광고와 같이 동물성 기름에 튀겼다가 채식주의자들에게 소송당해 1천만달러를 배상했다. 최근에 전세계적으로 1만 2천여 분점을 둔 피자헛도 채식주의자들을 겨냥해 만든 '제지 러

버' 피자에 고기를 넣었다고 제소당했다.

업계 선두주자인 맥도널드와 매물로 나온 2위 버거 킹이 휘청거리는 것과 대조적으로 3위인 웬디스는 태평성대를 구가한다. 전 세계 34개국에 5천여 분점을 둔 웬디스는 지난 분기 6억 1천만달러의 매출을 기록했다. 전년 같은 기간보다 13.2%나 많다. 월스트릿 증권 브로커들은 웬디스 주식이 1년 안에 45달러 오를 것이라며 구입을 적극 권장하고 있다.

웬디스가 이처럼 잘 나가는 이유로 창업주의 온당한 마음자세가 뿌리깊게 자리잡고 있기 때문이라고 한다. 지난 1월 간암으로 갑자기 세상을 떠난 데이브 토마스 회장(69세)은 마치 돈 버는 것을 수줍어하는 듯 욕심없이 보이는 이미지로 인기를 모았다. 자기 딸 이름에서 체인 상호인 '웬디스'를 딴 그는 식당을 돈벌이보다 봉사(일)하는 자세로 운영했다.

토마스는 TV광고에서 보는 부덕한 풍체와 달리 태어나자마자 버림받은 고아였다. 미시간 주의 한 부부에 입양됐으나 양어머니는 5살 때 죽었고 양아버지는 그후 3번 재혼하며 8년간 10여 차례나 이사했다. 외로움이 몸에 밴 소년 토마스는 장차 어른이 돼 식당을 경영하겠다고 결심했다. 레스토랑에서 오손도손 식사하는 가족들의 행복한 모습이 너무나 부러웠기 때문이다.

15살 때 학교를 중퇴한 토마스는 식당에서 일하다가 육군에 입대, 취사반에서 경력을 쌓았다. 제대후 로레인과 결혼했다. 그녀 역시 식당 웨이트리스였다. 켄터키 프라이드 치킨(KFC)에서 다시 몇 년 더 일한 토마스는 27세에 비로소 웬디스를 창업했다.

토마스는 절대로 얼린 고기를 쓰지 않았고 주문 즉시 조리하기를 고집했다. 그는 광고에도 깐깐했다. 잔소리를 견디다 못한 광고회사측이 "당신이 직접해보라"며 손을 들자 토마스는 스스로 광고에 출연, 특유의 부드러운 인상으로 빅히트를 날렸다. 그의 광고 시리즈는 800여 회나 이어졌고 그 광고 효과에 힘입어 웬디스는 세계 3위의 햄버거로 부상했다.

토마스는 일생을 고아로 시작해서 고아들의 옹호자로 마쳤다. "모든 고아는 가정을 맛 볼 권리가 있다"는 신념으로 자선사업 기관을 5개나 설립했다. 대기업 회장이 아닌 옆집 아저씨 같은 친숙함, 스스로 앞치마를 두르고 손님이 주문한 대로 고기를 굽는 자상한 모습으로 햄버거 업계의 황태자가 됐을 뿐 아니라 고아의 후견자가 되겠다는 자신의 꿈을 이뤘다.

업계 경쟁자들까지도 그를 존경했다. 맥도널드의 잭 그린버그 회장은 토마스를 '참 개척자'로 불렀고, 타코벨-피자헛-KFC의 데이빗 노박 회장도 그를 '전설적 존재'라고 칭송했다. TV 토크쇼 진행자들도 그의 죽음을 국가 원수의 사망에 버금해서 대접했다.

토마스가 생전에 돈벌이에만 급급했다면 사후에 이런 존경은 받지 못했을 것이다. 그는 황금을 보기를 돌 보듯 하며 더 고상한 목표를 추구했기 때문에 연 매출액 46억 1천만달러의 대기업 총수가 됐을 뿐 아니라 장사꾼이 아닌 '인간 토마스'로서 영원히 기억되게 됐다.

존경심 실종

달포만 지나면 나이를 또 한 살 먹는다. 속절없이 나이만 많아지는 것을 반겨할 노인은 없을 것이다. 필자도 나이들면서 노인이면 누구나 부딪치게 마련인 건강과 노후 문제 외에 마음고생이 한 가지 더 생겼다. 나는 과연 젊은이들로부터 존경받는 노인인가라는 의구심이다. 그렇지 못한 노인들을 적지 않게 봐왔기 때문이다.

한국은 예로부터 동방예의지국으로 꼽혀 왔다. 특히 노인들을 깍듯이 공경한다. 나이가 많다는 것만으로 동네에서 웃어른 대접을 받는다. 국회의원에 출마하는 사람은 맨 먼저 마을경로당에 찾아가 노인들의 '엔도스먼트'를 받아야 한다. 안 그러면 버릇없는 사람으로 낙인찍혀 낙선하기 십상이다. 한인사회에서도 노인회의 영향력은 막강하다.

요즘 세태는 많이 달라졌다. 평등사회인 미국에서 성장하고 공부했기 때문인지 몰라도 젊은이들의 노인 존경심이 예전만 못하다. 할아버지들은 가부장으로서의 권위가 간 곳 없고 할머니들은 십중팔구 베이비 시터로 전락한다. 자식들과 따로 살기 원하는 노인들이 늘어나는 근본적 원인이 젊은이들의 존경심 상실 때문이라고 말하는 사람도 있다.

한국의 상황은 더 심각하다. 아시아-태평양 국가들 가운데 한국 청소년들의 어른 존경심이 가장 낮다고 한다. 유엔 아동기금(UNICEF) 이 17개국의 9～17세 청소년 1만여명을 조사한 결과 한국 청소년들은 불과 17%만이 어른을 존경한다고 대답했다. 몰개성적 교육풍토와 급속한 산업화로 인한 가치관의 혼돈이 원인으로 꼽혔다. 어른들이 말만 앞세우고 서로 편갈라 싸우기 바쁘면서 청소년들의 존경을 받고 싶어한다면 오히려 이상한 일이다.

옛날 자공(子貢) 이 공자에게 물었다. "모든 사람이 좋아하면 어떻습니까?", "옳은 일이 아니다" 라고 공자는 대답했다. "모두가 싫어하면 어떻습니까?" 라고 다시 묻자 공자는 그 또한 옳은 일이 아니라며 "착한 사람들이 좋아하고, 착하지 않은 사람들이 미워하는 것만 같지 못하다" 고 덧붙였다. 논어의 '자로' 편에 나오는 이 얘기는 어느 누구도 자기를 싫어하는 사람이 있을 수 있음을 가르쳐준다.

존경은 우러러 받드는 것이다. 영어로 존경을 뜻하는 '리스펙트(respect)' 는 라틴어의 '레스피세레(respicere)' 서 왔다. 문자 그대로 '다시본다' 는 뜻이다. 존경스런 사람은 다시 한번 볼만

한 가치가 있는 사람이다. 리스펙트의 어원을 들어 에리히 프롬은 저서 '사랑의 기술' 에서 상대방 고유의 개성에 눈길을 돌리는 능력이 곧 존경이라고 말한다.

작가 조지 버나드 쇼는 "수치스러워 하는 것이 많은 사람일수록 존경할만한 사람"이라고 역설적으로 갈파했다. 수치와 선악을 판별할 줄 아는 수오지심(羞惡之心) 을 존경심의 바탕으로 본 점에서 공자와 일맥 상통하는 데가 있다. 인간이 지향해야 할 이상적 인격체로 공자가 강조한 군자야말로 만인이 존경할 수 있는 인간상이다. 군자는 번드레한 말보다 묵묵히 행동을 앞세우는 사람이다. 강직하고 의연하며 소박하고 말을 아끼고 서로 어울려 조화를 이룰 줄 알면서도 자기 정체성을 잃지 않는 사람이 공자가 말하는 군자의 특성이다.

모든 어른이 군자일 수는 없다. 그래서 한국청소년단체연합회가 어른들이 존경받는 사회 만들기 캠페인을 벌인다는 소식이다. 예절 운동, 언어순화 운동과 함께 부모와 교사 등 어른들이 먼저 모범을 보이고, 의로운 사람이 존경받고 대접을 향유하는 사회를 만들도록 지도층이 솔선할 것 등을 제시했다고 한다.

동포사회에도 그대로 적용될 수 있는 캠페인일 듯하다. 한 가지 더 추가한다면 노인들이 미국사회에 적극적으로 적응하고 미국 문화도 더 과감하게 수용하는 자세를 보여야 한다는 점이다. 한국 문화와 사고 방식에만 집착하는 노인들은 우리 1세들 눈에는 전통문화의 지킴이로 존경의 대상이지만 감수성과 정의감이 예민한 젊은이들 눈에는 누구도 어쩔 수 없는 고집불통으로 무시 또는 멸시의 대상이 되기 십상이기 때문이다.

주는 감사(Thanks+Giving)

미국에 이민 온 한인들이 맨 먼저 터득하는 영어는 'No English!' 라는 우스개 말이 있지만 ABC…를 모르는 한인이라도 'Thank you' 만큼은 토박이처럼 유창하게 구사한다. 미국에 살자면 아이든, 어른이든 이말을 입버릇처럼 하게 돼있기 때문이다.

감사하며 산다는 것은 축복이다. 반대로 감사할 게 없는 사람은 저주받은 사람이다. 몇 년 전 사우스 다코다 주의 한 시골마을이 토네이도로 쑥대밭이 됐다. 하늘을 원망해도 시원찮을 3백여 주민이 오히려 함께 감사예배를 드렸다. 정부지원으로 새집을 짓게 된 것, 평소 덤덤했던 부부간의 사랑이 되살아난 것, 주민들의 친목과 협동심이 돈독해진 것, 널찍한 교회와 학교를 신축하게 된 것 등등이 이들의 감사 내용이었다.

미국 최초의 이민자인 청교도들도 'Thank you' 정신으로 새 삶을 일궜다. 1620년 플리머스에 도착한 이들은 그해 겨울은 그럭저럭 넘겼으나 이듬해 겨울은 대책이 없었다. 난생 처음 해본 보리 농사를 망쳐 엄동설한에 굶어 죽을 판이었다. 그 때 인디언 원주민 스콴토가 나타나 옥수수와 호박 등 토종 곡물을 나눠줬고 이 씨를 재배해 수확을 거둔 청교도는 하나님께 감사 예배와 함께 스콴토 및 그가 속한 부족 전원을 초청해 함께 음식을 나누며 'Thank you'를 표했다. 이것이 'Thanks-Giving Day'의 효시다.

이날은 그냥 'Thanks Day'가 아닌 'Thanks-Giving Day'라는 데 묘미가 있다. 마음만이 아닌 말과 행동으로 표현하라는 뜻이다. 불안 · 초조 · 우울증 등으로 시달리는 환자에게는 'Thank you 요법'이 특효라는 말도 있다. 자기에게 호의를 베푸는 사람들에게 꼭 'Thank you'라고 웃으며 말하도록 처방 받은 환자가 그대로 했더니 6주 안에 완쾌됐다는 것이다. 'Thank you'에 해당하는 말이 없는 캐나다의 한 인디언 부족은 호의를 받으면 반드시 그에 상응하는 호의를 상대방에게 베푼다고 한다.

미국인들에게는 감사절이 성탄절 못지 않게 중요한 명절이다. 감사절을 목요일로 못박아 다른 공휴일들이 사흘 연휴인 데 반해 나흘 연휴까지도 가능하도록 차별해놓은 것이 이를 입증한다. 한국의 추석이 그렇듯이 미국에선 감사절 주간에 여행객이 가장 많다. 각지에 흩어졌던 가족이 이날만큼은 한자리에 모이기 위해 육로로, 항공편으로 이동하기 때문이다.

이민생활은 역경의 연속이다. 한인들은 옛날 청교도가 겪지 않은 언어불통과 타인종 질시의 어려움까지 극복하며 살고 있다. 인디언 스콴토가 침입자일 수도 있는 청교도들에게 결정적 도움을 준 것처럼 우리 주변의 타인종들도 우리의 이민정착에 직간접적으로 큰 도움을 주었다. 감사절을 맞아 우선 이들 현대판 스콴토에게 감사하는 마음부터 갖출 필요가 있다.

Washington, My Love

워싱턴 사랑

초판 1쇄 인쇄 • 2008년 6월 14일
초판 1쇄 발행 • 2008년 6월 20일
지은이 • 김 현 길
펴낸이 • 박 성 복
펴낸곳 • 도서출판 月印
주소 • 서울특별시 강북구 흰구름길 19-3
등록 • 제6-0364호 / 등록일 • 1998년 5월 4일
대표전화 • 02) 912-5000 / 팩스 • 02) 900-5036
http://www.worin.net

ISBN 978-89-8477-403-2 03810

값 11,000원